AF533474

YANTRA

ISBN 978-3-903276-42-0

H. H. Warner

Die spirituelle Zukunftsvision

Inhalt

Die Welt in der wir leben

Die Welt in der wir leben ist nicht leicht zu verstehen. Auf der einen Seite sind wir und uns gegenüber ist eine schier unermesslich große Welt der wir, als winziges Individuum, gegenüberstehen, oder besser gesagt: in die wir eingebettet sind, weil sie uns von allen Seiten umschließt. Dessen sind wir uns aber nicht wirklich voll bewusst, da wir die meiste Zeit unseres Lebens nur mit einem sehr kleinen Ausschnitt dieser Welt beschäftigt sind und das macht eben unser individuelles Leben aus.

Die Welt um uns herum ist unsere Lebensrealität und wir versuchen in diesem Kontext unser Bestes um mit den Umständen zurechtzukommen die dort vorherrschen. Das ist für viele, oder sogar die meisten, gar nicht so leicht, weil die uns so vertraut erscheinende Welt, die uns umgibt, eigentlich ein Geschehen ist, das im Grunde unergründlich ist, weil wir letztendlich nicht wirklich wissen, wodurch es verursacht und aufrechterhalten wird. Wir nehmen die Welt wie sie uns erscheint mehr oder weniger als gegeben hin, weil wir nichts anderes kennen und auch mehrheitlich glauben, dass die von uns als materiell angesehene Welt die einzige unveränderliche Realität ist, weil sie uns eben als eine solche erscheint. Wir hinterfragen diese Welterscheinung nur selten, da wir glauben, dass wir die Welt kennen und verstehen, weil wir über längere Zeitspannen hinweg gelernt haben in ihr als individuelles Wesen zu leben.

Wir sind, aufgrund unserer körperlichen Existenz, gezwungen unser Leben in dieser Welt aufrecht zu erhalten, was uns die meiste Zeit vorrangig beschäftigt, denn wir müssen für den Körper Sorge tragen und uns um die Lebensumstände kümmern, in denen wir uns in dieser Welt befinden. Und das ist unerlässlich, weil wir sonst nicht in dieser Welt und in diesem Körper existieren können. Und natürlich ist die Erhaltung unserer Existenz als Individuum in dieser Welt für uns von größter Bedeutung, denn wir alle haben einen starken Überlebenstrieb und außerdem wollen wir unser Leben nach unseren Vorstellungen gestalten, weil wir in der Regel nach Glück streben und Lebensziele erreichen wollen, die wir für erstrebenswert halten. Außerdem leben wir innerhalb der menschlichen Gesellschaft, in der wir unsere Pflichten erfüllen müssen und die unser Leben in einem hohen Grad beeinflusst und bestimmt, da wir Teil dieser Gesellschaft sind und uns großteils in ihr angepasst verhalten müssen, denn die Gesellschaft gibt allgemeine Normen und Verhaltensregeln vor, denen wir mehr oder weniger entsprechen müssen. Wir sind also als menschliche Wesen in der menschlichen Gesellschaft und in der Welt in der wir leben nicht frei und ungebunden und könnten es auch gar nicht sein, da wir, alleine auf uns gestellt, nicht überlebensfähig wären. Wir sind also mehr oder weniger gezwungenermaßen soziale Wesen, da wir alle voneinander abhängig sind.

Und auch die menschliche Spezies an und für sich muss mit den Umständen in dieser Welt zurechtkommen, was ihr bis jetzt mehr oder weniger gut gelungen ist, denn die Menschheit hat sich auf dem Planeten Erde, unserem Platz im universellen Geschehen, behauptet und durchgesetzt. Bis zu einem gewissen Grad ist die Menschheit eine Erfolgsgeschichte, da sie, sehr oft unter widrigsten Umständen, überlebte und es letztendlich geschafft hat eine globale menschliche Zivilisation zu etablieren, die sich zwar noch im Entwicklungsprozess befindet, doch immerhin bereits existent ist. Und es besteht die Chance, dass die Menschheit als Ganzes eine Weltordnung schaffen könnte, die die Welt für alle Menschen zu einem lebenswerten Ort machen würde und wo alle ein menschenwürdiges Leben und eine befriedigende Existenz hätten.

Doch so weit ist die Menschheit noch nicht, denn die Nationen kämpfen noch mehrheitlich verbissen darum ihre eigenen Interessen gegen die anderer Nationen durchsetzen zu können, notfalls auch mit Gewalt und Krieg. Dass wir alle gemeinsam auf dem kleinen Planeten Erde existieren und daher im eigenen Interesse eine wahre und gerechte Weltordnung verwirklichen sollten ist noch nicht wirklich in das Bewusstsein aller Menschen durchgedrungen, vor allem, weil der Mensch im Allgemeinen

einen relativ beschränkten geistigen Horizont hat und ihm die Eigeninteressen oft wichtiger sind als das Wohl aller Menschen, die auf dem Planeten Erde leben.

Das ist natürlich kurzsichtig, denn wir alle teilen ein gemeinsames Schicksal, das wir so positiv wie möglich und im Interesse aller gestalten sollten. Jeder Einzelne wäre natürlich aufgerufen seinen Teil dazu beizutragen, denn wenn alle an einem Strang ziehen würden, so würde die weitere Entwicklung reibungsloser und schneller vonstatten gehen. Und eigentlich wäre das gar nicht so schwierig, wenn der Mensch eine gemeinsame Zukunftsvision hätte für die es sich zu leben lohnte.

Irgendwie träumt ja fast jeder Mensch von einer idealen Welt in der alle glücklich und zufrieden leben könnten. Nur versucht der Mensch zunächst das Glück in dieser Welt für sich selbst, die eigene Familie, die eigene Community oder die eigene Nation zu verwirklichen, was oft löblich, doch letztendlich nicht zielführend sein kann, weil es zur Benachteiligung anderer führen kann, die dann unglücklich sind und es zu Streitereien, Rivalitäten und Auseinandersetzungen kommt. Das ist natürlich nicht wünschenswert, doch unter den gegenwärtigen Umständen, aufgrund des relativ beschränkten geistigen Horizontes vieler Menschen, ziemlich unvermeidlich.

Es wäre also eine Neuorientierung notwendig, die das Wohl aller berücksichtigen würde und die es möglich machen würde, in einer gemeinsamen Bemühung und Anstrengung optimale Lösungen zu finden, die alle mehr oder weniger zufrieden stellen würden. Es wurden in dieser Hinsicht im Laufe der Zeit verschiedenste Versuche und Experimente durchgeführt, doch ohne den gewünschten Erfolg zu erzielen, denn sie fußten alle auf einer beschränkten Sicht der Dinge

Man denke nur an den lang andauernden Konkurrenzkampf zwischen Kommunismus und Kapitalismus, der zu Konflikten mit weitreichenden negativen Folgen führte. Obwohl beide Systeme auf ihre Art und Weise versuchten, einen ihrer Sicht nach idealen Zustand zu verwirklichen, gelang es beiden dennoch nicht, da die Grundlagen, auf denen sie fußten, defizitär und einseitig waren. Der Kommunismus suchte nach dem kollektiven Heil und unterwarf das Individuum dem Kollektiv und der Kapitalismus förderte den Individualismus und versuchte dem Individuum Glück zu verschaffen, indem er die Wünsche und Begehrlichkeiten der Menschen durch materielle Dinge zu befriedigen versuchte. Das gelang aber nur bis zu einem gewissen Grad, denn die Anhäufung materieller Dinge ergibt nicht zwangsläufig inneres Glück, da der Mensch für sein Glück anderes und mehr als nur eine Vielzahl von materiellen Dingen benötigt. Der Sozialismus hingegen verfolgte einen Mittelweg, indem er sowohl das Gemeinwohl wie auch das Wohl des Einzelnen im Auge hatte, was eine ausgeglichenere Sichtweise ist als die der Systeme des Kommunismus und des Kapitalismus.

Doch alle drei ließen außer acht, dass die Menschheitsprobleme nur bedingt durch äußere Systeme zu lösen sind. Denn das Individuum, das eine ihm eigene Ego-Persönlichkeit entwickelt hat, neigt mehr oder weniger zu Egozentrik und erschafft dadurch ein permanentes Spannungsfeld zwischen sich und anderen und dadurch wird die kollektive Harmonie beeinträchtigt. Noch dazu verfolgen solche Individuen Eigeninteressen, die oft den Eigeninteressen anderer entgegenstehen, was dann naturgemäß Konfliktpotential in sich trägt.

Nun ist natürlich fast niemand frei von Ego und Eigeninteressen, doch so lange Kompromissbereitschaft vorhanden ist und der Geist von Kooperation vorherrscht führt dies nicht zu gravierenden Konflikten, denn man findet in der Regel Lösungen mit denen alle Beteiligten mehr oder weniger gut leben können.

Doch Individuen mit ausgeprägt starken Ego-Persönlichkeiten und einem hohen Maß an Egozentrik, die ihre selbstsüchtigen Eigeninteressen mit allen Mitteln durchsetzen wollen und kaum Empathie kennen, von Konkurrenzdenken beherrscht sind und wenig von Ethik und Moral halten, die oft machtbesessen und skrupellos sind und für die nur der eigene Vorteil zählt, können unzählige Menschen durch ihre Machenschaften ins Unglück stürzen und derer gab und gibt es gar nicht so wenige.

Und das ist eines der Hauptprobleme der Menschheit, denn es sind oft solche Individuen, die es schaffen die Schalthebel der Macht an sich zu reißen und die dann die Macht für ihre egoistischen und selbstsüchtigen Ziele missbrauchen, die andere unterjochen und die sich selbst glorifizieren. Wäre die Welt frei von solchen Individuen dann wäre es auf jeden Fall eine bessere Welt. Daraus ergibt sich, dass nur Menschen, die im Grunde relativ selbstlos sind und denen das Gemeinwohl am Herzen liegt, eine Welt schaffen können die auf der Basis von Gerechtigkeit und sozialem Wohlergehen basiert.

Alle Religionen haben auf ihre Art versucht die Menschen zu besseren Menschen zu machen, was auch teilweise gelungen ist. Doch ihre Lehren vermochten es in der Mehrzahl der Fälle nicht, die menschliche Natur, die leider auch mehrere negative Aspekte aufweist, so weit zu verwandeln und zu transformieren, dass die oft schwerwiegenden negativen Tendenzen ausgemerzt worden wären. Und nur wenn die Menschen im Allgemeinen frei von diesen negativen Tendenzen wären, würde die Welt sich wirklich zum Besseren wandeln. Doch ist es so, dass in der heutigen, weitgehend materialistisch ausgerichteten Gesellschaft, negative Tendenzen wie Egoismus, Eigennutz, Maßlosigkeit und Gier nicht nur toleriert, sondern, zumeist aus kommerziellen Gründen, geradezu gefördert werden, was für den sozialen Frieden und den sozialen Zusammenhalt nicht gerade förderlich ist.

Es bedarf also zunächst einer Neuorientierung in Bezug auf die menschlichen Werte. Und diese sollte auf der Basis des gesunden Menschenverstandes und der Vernunft begründet sein. Was natürlich gar nicht so schwer wäre, denn jeder einsichtige Mensch kann wohl nachvollziehen, dass jeder Mensch das gleiche Recht auf ein menschenwürdiges Leben haben sollte und dass es daher gilt, ein soziales Ungleichgewicht zu vermeiden. Gleiches Recht für alle sollte die Devise sein, ein Grundsatz der nicht neu ist, doch im Allgemeinen nicht genug gewürdigt wird. Wenn außerdem noch größerer Wert auf ethische und moralische Werte gelegt werden würde, so hätte man eine gute Grundlage für ein positives und harmonisches Miteinander gelegt.

Doch selbst wenn ein allgemeiner Konsens in dieser Hinsicht bestehen würde, so wären noch immer die Defizite der menschlichen Natur ein grundlegendes Problem und dem ist leider mit äußeren Mitteln nicht wirklich beizukommen. Also muss man dafür andere Mittel anwenden. Und diese findet man im Grunde in der Religion und vermehrt noch in der Spiritualität.

Prinzipiell geht es um negative Verhaltensweisen von denen sich der Mensch grundsätzlich befreien sollte, da sie im Grunde destruktiv sind und in jeder Hinsicht großen Schaden anrichten können. Um dies zu vermeiden, müsste man geeignete Mittel und Methoden finden um dieses Problem in den Griff zu bekommen. Natürlich ist der erste Schritt die Vermeidung der äußeren Manifestation dieser Verhaltensweisen, doch genügt dies natürlich nicht. Man sollte sich so komplett wie möglich davon befreien. Und natürlich muss man den Willen dafür haben und diesen auch über längere Zeitspannen hinweg aufrechterhalten können. Dafür könnte eine Zielsetzung dienen, die über die Gebote von Religionen hinausgeht, was dann eher einer spirituellen Zielsetzung entsprechen würde. Und diese wäre dann eine Meisterschaft über die sogenannte "niedere Natur" des Menschen.

In allen Religionen versuchte man diese niedere Natur lange Zeit hindurch durch Gebote im Zaum zu halten und/oder ihre Manifestationen durch Willensanstrengung zu verhindern. Man strebte auch vielfach danach zum Heiligen oder zur Heiligen zu werden, was natürlich ein psychologisches Spannungsfeld erzeugte, weil die menschliche Natur Wesenszüge aufweist, die dem Ideal entgegenstehen und man sich nicht wirklich vollständig davon befreien konnte. Vor allem deshalb, weil man in vielen Fällen noch nicht fest in der "höheren Natur" verankert war und man zwar danach strebte, doch es nicht wirklich gänzlich schaffte die höhere Natur als den natürlichen Seinszustand zu verwirklichen. Dies ist auch nicht wirklich möglich, so lange man sich als ein von Gott völlig getrenntes Wesen betrachtet, das zwar eine Beziehung zu Gott anstrebt aber keine wirkliche innere Verbindung herstellen kann, weil Gott in diesem Fall irgendwo im Himmel ist.

Die indische Spiritualität jedoch betrachtet dies in einem anderen Licht. Um sich über die niedere Natur zu erheben müsste man die Grundeigenschaft "Sattva" anstreben. Diese ist eine der drei Grundeigenschaften der Natur, die anderen beiden sind "Tamas" und "Rajas". Tamas ist das Prinzip der Trägheit, Rajas das Prinzip leidenschaftlicher Aktivität und Sattva ist das Prinzip der Reinheit, der Ausgeglichenheit und der Harmonie.

Gemäß der indischen Spiritualität gilt es Tamas so weit wie möglich zu vermeiden, Rajas sollte gezügelt und beherrscht werden und Sattva sollte der hauptsächliche Wesenszustand sein. Denn im Sattva-Zustand befinden wir uns im Bereich unserer höheren Natur und durch diese ist es uns möglich den Wesensanteil unserer niederen Natur zu beeinflussen und deren negative Aspekte zu minimieren oder zu überwinden. Im Tamas-Bereich hat man es vor allem mit mangelnder Motivation, Gleichgültigkeit, Willensschwäche, Trägheit und ähnlichen Eigenschaften zu tun. Im Bereich von Rajas gilt es ungezügelte negative Verhaltensweisen in den Griff zu bekommen und negative Emotionen zu überwinden. Dies kann nur wirklich gut gelingen, wenn man bereits über diese hinaus gegangen ist, denn sonst ist es ein harter Kampf, der nur durch eiserne Disziplin gewonnen werden kann.

Hat man es aber durch eine ethische und moralische Disziplin und den Willen, negative Tendenzen des Wesen zu überwinden und ihnen dadurch die Zustimmung zu versagen, sowie durch das Streben nach den gegenteiligen positiven Eigenschaften, geschafft sich im Sattva-Zustand zu festigen, so kann man aus dieser Position heraus die noch vorhandenen negativen Tendenzen zurückweisen und sich schrittweise von ihnen befreien. Dies ist in diesem Zustand nicht mehr so schwierig, weil wir in und durch diesen bereits positiv orientierte Menschen sind, die die positiven Eigenschaften der höheren Natur besitzen und sie auch manifestieren wollen.

Zudem sind wir in diesem lichtvollen Zustand Gott näher als Menschen, die noch mehr oder weniger mit den Unzulänglichkeiten ihrer niederen Natur zu kämpfen haben. Was leicht nachzuvollziehen ist, denn solche Menschen wurden und werden im Allgemeinen von Religionen als Sünder bezeichnet die, im schlimmsten Fall, auch sogenannte Todsünden begehen. Ein Mensch, der sich jedoch von den negativen Tendenzen befreit hat, neigt dazu sich richtig zu verhalten und vorwiegend positive Handlungen auszuführen sowie Gutes zu tun. Er oder sie wird sich nach und nach zu einem "Heiligen" oder einer "Heiligen" entwickeln und daher seine spirituellen Tendenzen stärken, was die Verbindung zu Gott intensiviert. Und hat der Mensch eine dauerhafte und innige Verbindung mit Gott, so wird Gott sein Leben bestimmen und es lenken und leiten. Dann ist der Mensch geborgen und sein Leben kann und wird sich dem Willen Gottes entsprechend gestalten, was eines der vorrangigen religiösen und spirituellen Ziele ist. Der Mensch und sein Handeln werden dadurch spiritualisiert und er wird im Laufe der Zeit zu einem willfährigen Instrument Gottes. Damit hätte er einen hohen Gipfel der Spiritualität erklommen und er wäre in jedem Fall ein Segen für die Welt.

Viele solche Persönlichkeiten entfalten bereits ihr segensreiches Tun in der Welt und diese sind es, die in der Welt aufbauend und konstruktiv wirken und die andere inspirieren und anleiten. Und wenn noch mehr solcher Individuen das Geschehen der Welt bestimmen würden, so würde sich durch deren Wirken das Weltgeschehen positiv entwickeln und die gravierenden Probleme der Menschheit könnten dadurch gelöst werden.

Aufgrund dessen könnte man hoffen, dass das Weltgeschehen sich langfristig gesehen positiv verändert und sich das Leben auf Erden friedvoller und zufriedenstellender gestalten wird. Denn der Mensch wäre dann durchaus in der Lage auf der Erde paradiesische Zustände herzustellen, wenn er sein Leben mehrheitlich auf einer spirituellen Grundlage begründen würde. Dies ist leider derzeit noch nicht der Fall, denn noch überwiegt im Allgemeinen eine materialistische Gesinnung.

Allerdings hat auch die materialistische Gesinnung ihre positive Seite, denn der Mensch lebt nun einmal in einem materiellen Umfeld und er muss dem auch bis zu einem gewissen Grad Rechnung tragen. Allerdings wäre ein Materialismus, der auf spirituellen Prinzipien fußt, ein ganz anderer Materialismus als der derzeitige. Er würde die materielle Seite des Daseins wertschätzen, doch diese nicht überbewerten, sondern sie in ein harmonisches Ganzes integrieren, das alle Aspekte des Lebens umfasst. Das würde auch die Geringschätzung des materiellen Lebens, welche gewissen Strömungen der Spiritualität zueigen ist, berichtigen und in eine positivere Richtung lenken.

Denn was der Mensch und die Welt benötigen ist eine ausgewogene und ganzheitliche Weltsicht, damit es nicht zu einseitigen Fehlentwicklungen wie in der Vergangenheit kommt. Natürlich muss sich der Mensch bewusst sein, dass das Leben in der Welt nicht alles ist weil der Mensch nun einmal sterblich ist. Doch wenn man die indische Sicht der Dinge in Betracht zieht, der gemäß der Mensch im Grunde eine unsterbliche Seele ist, die sich, aufgrund von Karma (den Auswirkungen vergangener Handlungen) immer wieder reinkarniert und daher immer wieder in diese Welt zurückkehrt um ihr weiteres Schicksal zu gestalten, so müsste der Mensch sehr wohl an den Zuständen in der Welt interessiert sein, weil er ja immer wieder damit konfrontiert sein wird.

Zudem hat wohl auch die Welt als solche eine Bestimmung, die sich im Laufe der Zeit manifestieren muss und wird. Und weil diese Bestimmung durch einen schrittweisen Evolutionsprozess vollzogen wird so kann man sagen, dass dies sowohl für den Menschen wie auch für die Welt als Ganzes gelten würde und beide einem Entwicklungsprozess unterliegen, der sich über lange Zeitspannen hinweg entfaltet. Und darin liegt wohl der Sinn der Schöpfung. Allerdings impliziert dies, dass der Mensch und die Welt im Allgemeinen noch unvollkommen sind und der Mensch deshalb noch nicht in der Lage ist das Leben optimal zu gestalten.

Der Mensch lernt durch Erfahrungen in dieser Welt, die dazu dienen sollen seine Unvollkommenheiten nach und nach zu beseitigen. Idealerweise würde der Mensch aber bereits so weit sein, dass er nicht nur durch Erfahrung, sondern auch ganz bewusst aus eigenem Antrieb an seiner inneren Entwicklung arbeitet, weil er erkannt hat, dass das der eigentliche Sinn des Lebens ist. Dann würde die Entwicklung natürlich schneller voranschreiten.

Wie bereits beschrieben müsste der Mensch zunächst seine niedere Natur gemeistert haben und in seiner höheren Natur verankert sein um sich richtig verhalten und richtig handeln zu können. Wäre dies der natürliche Zustand vieler Menschen, so wären diese durchaus in der Lage die Lebensumstände in der Welt positiv zu beeinflussen und positiver zu gestalten. Wie bereits angemerkt werden die gravierendsten Probleme der Welt durch Menschen geschaffen die negative Wesenszüge aufweisen. Diese müssten zur Erkenntnis gelangen, dass ihr meist durch Eigennutz und Eigeninteressen geprägtes Handeln dem Allgemeinwohl abträglich ist und sie dadurch auch viele Menschen ins Unglück stürzen.

Profitgier, Gewinnmaximierung und Machtstreben sind in vielen Fällen die Triebkräfte für dieses Verhalten. An und für sich sind Profit und Gewinn natürlich Voraussetzungen für ein funktionierendes Wirtschaftssystem und daher an sich nicht schlecht, doch wenn man diese, wie im Turbo-Kapitalismus geschehen, bis ins Extrem treibt und sich fast alles nur mehr um immer mehr Profit und Gewinn dreht, dann verliert man alle anderen Werte des Lebens aus den Augen und schafft dadurch ein System, das große Ungerechtigkeit zulässt und bewirkt. Leider befinden wir uns heute mehr oder weniger in einer solch unerfreulichen Situation.

Will der Mensch also eine bessere und gerechtere Welt, so muss er sich von diesen falschen Werten befreien und ein System schaffen, das im Gleichgewicht ist. Wie bereits erwähnt sind die beiden bisher dominierenden und konkurrierenden Gesellschaftssysteme, nämlich Kapitalismus und Kommunismus, mehr oder weniger gescheitert weil beide zu Extremen neigen. Der Sozialismus hingegen versuchte diese Extreme zu vermeiden und führte daher zu besseren Ergebnissen. Die Schwäche des Sozialismus hingegen ist seine fast gänzliche Ausrichtung auf sozial gerechte und ausgewogene Bedingungen, ohne höhere Ziele ins Auge zu fassen. Auch er lässt außer acht, dass der Mensch auch andere Bedürfnisse hat als die materiellen.

Diese können zum Teil durch eine Religion befriedigt werden, doch würde immer noch eine echte Zukunftsperspektive für den Menschen und die Welt fehlen, denn Religionen versprechen im Allgemeinen eine Erlösung von den Leiden dieser Welt und eine erfreulichere Existenz in himmlischen Gefilden. Es gibt zwar in Religionen auch die Idee eines Reiches Gottes auf Erden, doch diese ist eher sehr vage und kaum jemand beschäftigt sich damit und fasst diese Vorstellung ernsthaft ins Auge. Doch gibt es einige spirituelle Strömungen, die tatsächlich ein göttliches Leben auf Erden, durch eine Spiritualisierung des Menschen und des menschlichen Lebens, anstreben. Und ja, wenn im Schöpfungsplan eine göttliche Manifestation auf Erden vorgesehen ist, dann wäre dies durchaus eine realistische Vorstellung und nicht von der Hand zu weisen. Allerdings ist das eine derzeit noch nicht vorstellbare Utopie. Würden aber auf Erden die Menschen mehrheitlich ein spiritualisiertes Leben anstreben und auch verwirklichen, so könnte dies sehr wohl das menschliche Dasein drastisch verändern und im Endeffekt tatsächlich ein "göttliches Leben" auf Erden ermöglichen.

Eine neue Welt

Man kann grundsätzlich davon ausgehen, dass die Menschen an und für sich gut sind und mehrheitlich positive Absichten hegen und im Grunde ihres Wesens bestrebt sind Gutes zu tun. Doch dem steht oft das Ego im Weg, das vor allem mit dem Selbsterhalt und dem Überleben beschäftigt ist, was unter den derzeitigen Umständen natürlich auch notwendig ist.

Doch die Angst, die hinter diesem Verhalten steht, treibt den Menschen dazu an mehr anzusammeln als lebensnotwendig ist und sich auch für die Zukunft abzusichern. Im Extremfall entwickelt sich dieses Verhalten zu Gier und dann wird gehortet ohne die Sinnhaftigkeit dafür in Frage zu stellen. Zu dem kommt, dass Reichtum Ansehen verleiht und man dadurch die eigene gesellschaftliche Position verbessert. Auch die Macht, die einem Reichtum verleiht, ist verführerisch und so wird das Streben nach Reichtum und Macht unter Umständen zum vorrangigen Antrieb.

Bis zu einem gewissen Grad wäre das auch zu rechtfertigen, wenn man positive Absichten hegt und große Ziele verwirklichen will, die dem allgemeinen Wohl zugutekommen. Doch auch hier ist das Ego die große Gefahr, denn es ist an und für sich in den meisten Fällen nicht grundlegend altruistisch orientiert, außer es ist durchgehend positiv strukturiert.

Der Mensch befindet sich also in einem Spannungsfeld gegensätzlicher Tendenzen und in diesem muss er sein menschenmöglich Bestes geben um nicht von den negativen Tendenzen vereinnahmt zu werden. Leider fördert gerade die westliche Zivilisation in einer gewissen Hinsicht diese sogar, denn eine egoistische Haltung ist zwar weitgehend verpönt, doch in der Praxis lässt die weit verbreitete Konsum- und Ellbogengesellschaft dem Ego sehr viel Spielraum, besonders wenn es darum geht sich gegen andere durchzusetzen um die Karriereleiter hochzuklettern um eine möglichst hohe und möglichst lukrative Position für sich zu erobern.

Besonders in großen Konzernen ist dies gang und gäbe und für diese Konzerne hat oft die Gewinnmaximierung und der Kampf um Marktanteile oberste Priorität und dafür sind Manager und Bosse notwendig, die sich diesen Zielen unterordnen und die die nötige Härte besitzen diese auch mit oft fragwürdigen Methoden anzustreben. Diese Konzerne besitzen große Macht und großen Einfluss auch auf die Politik und durch Lobbying versuchen sie ihre Interessen in der Politik durchzusetzen. Jedoch dienen diese Interessen oft mehr ihrem eigenen Vorteil und weniger dem Gemeinwohl.

Nichtsdestotrotz haben große Konzerne, die global agieren, weltweiten Handel und eine weltumspannende Globalisierung möglich gemacht. Sie können dadurch auch neue Technologien schnell überall verbreiten was dazu geführt hat, dass diese Technologien heute global genutzt werden können. Dass dabei die Ausbeutung von Arbeitskräften in Billiglohn-Ländern in Kauf genommen wird, die teils unter sehr schlechten Umständen ihr Leben fristen müssen, ist heute weitgehend bekannt, doch das Problem ist noch nicht gelöst. Dass große Konzerne der Gesundheit der Menschen abträgliche Nahrungsmittel und Getränke und sogar minderwertiges Fast-Food mit einem riesigen Werbeaufwand anpreisen und verkaufen und sogar versuchen, bereits Kinder dafür zu begeistern ist inzwischen auch bekannt und die gesundheitlichen Spätfolgen sind inzwischen bereits offenkundig.

Dabei ist eine vollwertige, gesunde Ernährung einer der wichtigsten Faktoren für das Wohlergehen des Menschen. Auch das ist inzwischen allgemein bekannt, doch nicht alle können ihre Ernährungsgewohnheiten ändern und wollen es oft auch nicht. Eines der größten Probleme in der Ernährung ist der weit überhöhte Fleischkonsum vor allem in westlichen Ländern. Dafür werden riesige Schlachthöfe betrieben in denen die Tiere oft ein qualvolles Ende finden. Und auch die Aufzucht der Tiere ist fragwürdig, denn die Mast und die Medikation, die für diese Methode notwendig sind, ergibt minderwertiges Fleisch, das mit Medikamentenrückständen belastet ist, was für den Konsumenten des Fleisches gesundheitlich bedenklich ist. Gottseidank gibt es inzwischen Vereinigungen, die diese Machenschaften anprangern und die versuchen das Tierwohl zu fördern.

Die Ausbeutung der Natur für kommerzielle Zwecke und die damit verbundene Zerstörung dringt auch immer mehr in das Bewusstsein der Menschen. Ökologie hat inzwischen einen sehr hohen Stellenwert, was für alle von größter Bedeutung ist.

Ein großes Problem für viele Menschen, die in ihnen leben müssen, sind die Megacities, in denen sich in den meisten Fällen Ghettos und/oder Slums befinden, in denen die Menschen oft ein tristes Dasein fristen, das im Grunde menschenunwürdig ist. Luftverschmutzung ist in diesen Megacities ein zentrales Thema und für die Bewohner eine Gesundheitsgefährdung. Der Verkehr ist dort oft so dicht, dass es vielerorts kaum ein Weiterkommen gibt und Staus die Regel sind.

Zu all dem kommt noch der prognostizierte Klimawandel der für vermehrte Naturkatastrophen verantwortlich sein kann und der die Lebensbedingungen auf der Erde drastisch verändern könnte.

Das wäre also eine Aufzählung einiger gravierender Probleme, die der Mensch so bald wie möglich in den Griff bekommen sollte. In all diesen Bereichen wird bereits viel Positives getan und ein Wandel findet nach und nach statt. Da der Mensch heute, in einer globalisierten Welt, global denken und handeln muss, genügt es natürlich nicht, die Umstände nur kleinräumig und lokal zu verbessern. Es muss für all das globale Lösungen geben, was die Sache nicht leichter macht, denn dafür ist globale Kooperation gefordert. Doch gerade diese fällt dem Menschen in der Regel schwer und Nationen handeln meistens so weit wie möglich für den eigenen Vorteil und nationaler Eigennutz ist allen Nationen mehr oder weniger zu eigen. Man kooperiert mit anderen Nationen meist nur insoweit, als dies für die eigene Nation von Vorteil oder unvermeidlich ist. Leider kommt es zwischen Nationen auch immer wieder zu kriegerischen Auseinandersetzungen und die beiden großen Weltkriege haben gezeigt bis zu welchem Extrem das ausarten kann. Immerhin wurde als Konsequenz die UNO gegründet, die Vereinten Nationen, die die internationalen Beziehungen verbessern und koordinieren soll. Leider hat die UNO wenig Macht und kaum Möglichkeiten den Staaten verbindliche Direktiven zu diktieren. Doch immerhin gibt es diese Institution und wenn man sie optimieren würde und ihr dann mehr Durchgriffsrechte zugestehen würde könnte sie effektiver handeln.

Die Maxime für nationale und internationale Beziehungen sollte "Einheit in der Verschiedenheit", ein spirituelles Credo, sein, denn Einheit und Verschiedenheit sind nur zwei Aspekte des Daseins. Eine zugrundeliegende Einheit, wie sie aus spiritueller Sicht postuliert wird, schließt nicht Verschiedenheit in der Manifestation aus. Im Gegenteil: ohne Verschiedenheit gäbe es keine Schöpfung, denn wenn alles ununterscheidbar Eines wäre gäbe es keine unterscheidbaren Wesen und Dinge. Also gilt es zu erkennen, dass grundsätzlich alles dem "Einen Ursprung" entstammt und alles in diesem "Einen" existiert und von ihm aufrechterhalten wird, was die Einheit in der Verschiedenheit ausmacht die man natürlich anerkennen muss, denn in und durch diese Einheit sind alle Dinge und Wesen untereinander verbunden, auch wenn sie oberflächlich als getrennt erscheinen.

Dies ist natürlich eine Betrachtungsweise, die dem Menschen normalerweise nicht zu eigen ist, doch es ist die natürliche Sicht der Dinge, die hochgradig spirituellen Menschen mehr oder weniger vertraut ist. Nun kann man nicht erwarten, dass der Mensch seine ihm gewohnte Sichtweise so radikal verändern kann. Doch wenn er sich bemüht kann er die Logik, die dahinter liegt, erfassen und schon dies würde sein Verhalten grundlegend verändern, wenn er diese Erkenntnis praktisch umsetzen würde. Zumindest die Persönlichkeiten in Schlüsselpositionen in allen Lebensbereichen, besonders in der Politik, sollten sich diese Sichtweise aneignen und ihr gemäß handeln. Das würde das Weltgeschehen vollständig verändern und in positive Bahnen lenken. Wenn sich noch die Religionsführer der verschiedenen Religionen vermehrt auf die Gemeinsamkeiten besinnen würden, so würden die Konflikte zwischen den Religionen aufhören. In allen Religionen findet sich ein Kern an Lehren die sich im Grunde sehr ähnlich sind. Der Unterschied liegt großteils in den äußeren Formen und Praktiken und diese könnten gemäß dem Prinzip "Einheit in der Verschiedenheit" bestehen bleiben. Denn eine bunte Vielfalt verschiedener Traditionen ist nur natürlich, weil Menschen eben in verschiedenen Kulturkreisen leben und so gibt es unterschiedliches Brauchtum so wie es sich jeweils dort eben entwickelt hat.

Spirituelle Führungspersönlichkeiten sollten allgemein gültige spirituelle Grundprinzipien lehren (was in Indien "Sanatana Dharma" genannt wird) die für alle Menschen gelten können und diese "universale Spiritualität" könnte sich dadurch leicht verbreiten und allgemein durchsetzen, was nicht ausschließt, dass es trotzdem weiterhin verschiedene spirituelle Wege gibt, die den Bedürfnissen verschiedener Menschentypen entsprechen.

Dadurch wäre die Spiritualisierung vieler Menschen rund um den Erdball möglich und diese könnten die Pioniere einer sich entwickelnden globalen spirituellen Zivilisation werden. Und diese würde die Basis für die Lösung der Menschheitsprobleme werden, denn nur auf einer spirituellen Basis kann die Menschheit ihrer wahren Bestimmung gerecht werden und eine neue Welt erschaffen die ein globales Paradies sein könnte.

Diese Zukunftsaussicht ist natürlich derzeit noch Utopie, doch durchaus vorstellbar. Aber was wäre zu tun, so wie die Dinge jetzt sind, um eine erfreuliche Zukunft für die Menschheit vorzubereiten? Im Grunde ging es vielen Menschen nie besser als jetzt und mit den heutigen Möglichkeiten, wenn sie richtig genutzt würden, könnte der Mensch Unglaubliches vollbringen. Denn in materieller und technologischer Hinsicht haben die letzten Jahrzehnte Fortschritte gebracht, die noch vor hundert Jahren unvorstellbar gewesen wären.

So weit so gut, doch der Mensch wurde von diesen Fortschritten nahezu überrollt und er kann damit kaum Schritt halten. Denn der Mensch wird mit einer Entwicklung konfrontiert, von der er nicht weiß wohin sie führen wird. Und man kann heute noch nicht sagen wie sich die Dinge entwickeln werden, doch es gibt natürlich mehrere Möglichkeiten dafür.

Die eine Möglichkeit wäre eine vollkommen

vernetzte, von fortschrittlichen Technologien beherrschte Welt, die zwar effizient funktionieren würde, doch dem Menschen leicht entgleiten könnte und der Mensch wäre dann vollständig abhängig von einer Maschinerie die ihn lenkt, steuert und manipuliert wie es in Ansätzen heute schon geschieht. In gewisser Hinsicht sind Androiden, Roboter und künstliche Intelligenz dem Menschen überlegen, doch sie haben kein Bewusstsein und keine Seele. Daher sollten sie dem Menschen dienen, doch der Mensch muss in jedem Fall die Kontrolle darüber behalten und auch sicherstellen, dass diese nicht in den falschen Händen landen und missbraucht werden, was natürlich auch die Anwendung der Gentechnik betrifft. Das ist schwierig genug, denn noch ist das negative Ego, die niedere Natur des Menschen, im menschlichen Leben weit verbreitet und in manchen Fällen sogar dominant. Und das ist, wie bereits festgestellt, das größte Problem der Menschheit.

Weiters sieht man heute, dass neue Technologien und deren Anwendungen den Menschen immer mehr veräußerlichen und ihn in eine ständige Abhängigkeit versetzen, der er sich nur schwer entziehen kann. Dabei wird er von großteils banalen und sinnlosen Dingen in Anspruch genommen, die zwar unterhaltend sein mögen, die aber, in der angebotenen Masse, den Geist ständig in Beschlag nehmen und die oft zu einer ständigen Reizüberflutung führen, die für die Psyche des Menschen eine Belastung darstellt. Er wird mit Millionen von Songs, die alle nach einem ähnlichen Muster gestrickt sind, geködert, er wird mit immer mehr Sitcom-Serien von fragwürdigem Inhalt überschwemmt und dazu kommen noch die sozialen Medien mit seichter Unterhaltung im Übermaß und teils brutale und gewalttätige Filmproduktionen und Computerspiele und eine Überfülle an Material mit pornografischen Inhalten, das sexuelles Fehlverhalten fördern kann.

Natürlich sind das alles die negativen Aspekte von technologischen Anwendungen, aber gerade dies zeigt, dass der Mensch noch lernen muss mit neuen technologischen Anwendungen richtig und sinnvoll umzugehen. Und hier hilft nur die Vernunft und eine freiwillige Selbstbeschränkung, sowie eine sinnvolle Regulierung der Anwendungen von neuen Technologien. Die Politik ist hier noch im Hintertreffen und die meisten Menschen, besonders die Generationen, die mit den sozialen Medien und den Internet-Anwendungen aufgewachsen sind, sind zwar sehr effizient in deren Nutzung, doch davon oft zu sehr in Beschlag genommen. In diesem Bereich gibt es noch sehr viel zu tun und all das in eine möglichst positive und sinnvolle Richtung zu lenken ist wahrlich eine herausfordernde Aufgabe für den Menschen. Hier kann nur eine ausgleichende Bestrebung ein Gleichgewicht schaffen und diese Gegenbewegung existiert auch derzeit schon.

Durch den andauernden Stress und die Belastungen des modernen Lebens in Anspruch genommen sucht der Mensch nach Mitteln und Wegen um damit zurecht zu kommen. Und deshalb sind fernöstliche Praktiken wie Yoga, Zen, Qi Gong, Tai Chi und andere sehr gefragt und werden von vielen Menschen praktiziert. Sportliche Aktivitäten sollen ebenfalls helfen Stress zu reduzieren.

Aber die fernöstlichen Methoden können nicht nur angewandt werden um Stress in den Griff zu bekommen, sie können vor allem der nahezu vollständigen Veräußerlichung durch die andauernde Beschäftigung mit den Gegebenheiten der äußeren und der virtuellen Welt entgegenwirken und eine notwendige Verinnerlichung bewirken, die den Menschen wieder ins Gleichgewicht bringt. Denn der moderne Mensch ist sich selbst oft entfremdet und hoffnungslos in die Maschinerie des äußeren Weltgeschehens verstrickt, weil er dort die Befriedigung all seiner Bedürfnisse zu finden glaubt, was leider ein Trugschluss ist. Je mehr der Mensch die Erfüllung und das Glück allein durch äußere Dinge anstrebt, desto größer ist die Gefahr, dass sein Leben letztendlich in Enttäuschung und Frustration endet.

Zweifellos kann man in gewisser Hinsicht in der Welt sehr erfolgreich sein und auch ein äußerlich glückliches und erfülltes Leben leben, doch ist man früher oder später mit der Vergänglichkeit aller weltlicher Dinge konfrontiert, denn nichts in der Welt ist beständig und alles ist in ständiger Veränderung, sodass alles Erreichte auch wieder verloren werden kann. Dies gilt so ziemlich für alles in der Welt und letztendlich ist man fast unvermeidlich mit dem Alter und dem Tod konfrontiert, was sehr unerfreulich sein kann wenn man darauf nicht vorbereitet ist, weil man im Überschwang des Lebens meinte, dass man noch lange nicht davon betroffen sein wird.

Natürlich betrifft dies nur die körperliche Existenz und nur eingefleischte Materialisten werden den Tod wirklich fürchten müssen, denn religiöse und/oder spirituelle Menschen können den Tod als Übergang in ein höheres und besseres Dasein betrachten, oder sogar als Befreiung von den Unzulänglichkeiten des menschlichen Daseins. Deshalb ist es so wichtig, dass der Mensch seinen inneren Halt nicht verliert und sein Leben nicht mit mehr oder weniger sinnlosen äußeren Aktivitäten vergeudet, die zwar Glück versprechen mögen, dieses Versprechen letztendlich aber nicht halten können. Eine glücklichere Existenz in jenseitigen Himmeln wie es Religionen versprechen mag tröstlich sein, ist aber ungewiss, weil man sich diese Existenz verdient haben muss.

Die Spiritualität jedoch sucht das Glück nicht nur in äußeren Dingen oder in himmlischen Gefilden, sondern sie lehrt, dass das wahre Glück vor allem dort zu finden ist wo es seinen Ursprung hat: im Inneren.

Im Menschen ist dies die Seele, das innere Wesen, das die körperliche Existenz des Menschen belebt, beseelt und erhält. Dies ist die wahre grundlegende Identität des Menschen. Und die Seele ist, gemäß der Lehre der indischen Spiritualität, unvergänglich, denn ihre Natur ist im Wesentlichen ewiges Sein, Bewusstsein und Seligkeit (Sat-Chit-Ananda). Und diese drei Attribute sind auch die Grundeigenschaften des universellen göttlichen Seins, das in Indien "Brahman" genannt wird. Rückbesinnung auf die Seele und Vergegenwärtigung der Seele stellen daher eine Notwendigkeit dar, wenn sich der Mensch nicht in der äußeren Welt verlieren will und wenn er die sterbliche körperliche Existenz transzendieren will. Die Lehre der Transmigration, der oftmaligen Wiederverkörperung der Seele, erschließt dem Menschen auch den Sinn des Lebens, der demnach unter anderem auch darin besteht, von der Unbewusstheit schrittweise zu voller Bewusstheit zu gelangen, was durch den Prozess der fortschreitenden Evolution bewirkt wird.

Und hier liegt die große Hoffnung für den Menschen und die Menschheit. Denn je bewusster der Mensch ist, desto mehr kann er erkennen wodurch Probleme entstehen und wie sie zu lösen sind. Dieser Vorgang kann bewusst durch spirituelle Praktiken beschleunigt werden, deren Ziel es ist Bewusstheit zu fördern. Dies kann im besten Fall dazu führen, dass der Mensch in der Lage sein wird die Probleme der Menschheit nach und nach in den Griff zu bekommen und eine neue bessere Welt würde die Konsequenz davon sein.

Aber noch ist es nicht so weit. Doch man kann sich überlegen wie man dem Ziel Schritt für Schritt näher kommen kann. Sein Leben neu zu orientieren und es in eine spirituelle Richtung zu lenken wäre für den Einzelnen die wesentlichste Voraussetzung. Sich mit Gleichgesinnten zu vernetzen wäre sehr hilfreich, denn so könnte man sich gegenseitig unterstützen und inspirieren. Dies hat eine lange

Tradition in Religionsgemeinschaften und spirituellen Organisationen, von denen es zahllose gibt. Man trifft sich zu Gottesdiensten oder spirituellen Feierlichkeiten, betet oder meditiert miteinander oder übt gemeinsam spirituelle Praktiken. Sehr motivierten religiös oder spirituell orientierten Menschen stehen Klöster und Ashrams zur Verfügung, wo sie sich vorrangig dem jeweiligen spirituellen Weg widmen können. Diese sind allerdings zumeist hierarchisch strukturiert oder um große spirituelle Persönlichkeiten zentriert und sie haben normalerweise ziemlich strikte Regeln, denen es zu folgen gilt, und eine spezifische religiöse oder spirituelle Ausrichtung die man akzeptieren muss, wenn man Teil davon sein will. In den meisten von ihnen wird eine Art religiöser oder spiritueller Kommunismus praktiziert, denn für die notwendigen Lebensbedürfnisse wird gesorgt und der Einzelne bringt sich je nach Fähigkeiten in die Gemeinschaft ein. Das ist in einem kleineren Rahmen durchaus praktikabel und in Klöstern und Ashrams funktioniert das in der Regel recht gut. Wenn es für einen passt spricht nichts dagegen. Doch dies ist nur eine Option für Wenige. Denn das wäre für die meisten Menschen, die ein Leben in der Welt führen, eine zu begrenzte und mit zu vielen Einschränkungen verbundene Lebensweise. Für diese Menschen müsste eine Gesellschaft organisiert werden, die sich an spirituellen Werten orientiert und die ein gerechtes Wirtschafts- und Sozialsystem aufweist. So eine Gesellschaftsordnung gibt es derzeit noch nicht, doch die Verhältnisse in Demokratien sind oft solchermaßen organisiert, dass sie möglicherweise gute Voraussetzungen dafür hätten, wenn man sie in diese Richtung hin entwickeln würde.

Demokratie ist an und für sich wohl das derzeit beste politische System, doch leidet sie an permanenten Interessenskonflikten der gegeneinander positionierten Parteien und so manches Parlament ist zu einem Ort permanenten Streites und der Zwietracht verkommen und die Regierenden agieren oft mehr aus und für Eigeninteressen als Diener des Volkes zu sein von dem sie in ihre Positionen gewählt wurden. Natürlich sind in einer Demokratie Diskussionen und Debatten unvermeidlich, sie sind für die Findung einer optimalen Lösung sogar nahezu unerlässlich und wünschenswert, doch sollten sie mit gegenseitigem Respekt geführt werden und der Standpunkt des oder der jeweils anderen sollte gewürdigt werden, sofern positive Absichten dahinter erkennbar sind, auch wenn man eine andere Meinung oder andere Interessen vertritt. Gegenseitige Wertschätzung sollte immer gegeben sein und Kooperation sollte die gemeinsame Absicht bilden. Die hitzigen Debatten wurden leider im Laufe der Zeit immer untergriffiger und das Image der Politik wurde dadurch, berechtigterweise, immer schlechter. Natürlich gibt es auch immer Politiker und Politikerinnen die sich nicht auf diese Ebene herabziehen lassen und die versuchen ihren Job für die Menschen auch unter diesen Umständen so gut wie möglich, nach bestem Wissen und Gewissen, zu machen. Aber diese haben es meist nicht leicht.

Dies ändert aber grundsätzlich nichts daran, dass trotz allem Demokratien noch immer besser funktionieren als andere politische Systeme. Und gäbe es einen grundlegenden

Wertewandel und eine neue Orientierung, dann könnte die Demokratie auch in Zukunft das beste politische System bleiben. Wenn Ethik und Moral und Religion und Spiritualität wieder den ihnen gebührenden Platz finden würden, so würde die Demokratie wieder aufblühen und von neuem gedeihen.

Grundsätzlich wäre eine optimale Form der Demokratie wohl eine Sozialdemokratie, die auf das Gemeinwohl der Menschen ausgerichtet ist. Allerdings sollte diese nicht einseitig ausgerichtet sein und nicht nur auf die Interessen der Arbeitnehmer achten um deren Interessen gegen die Unternehmer zu vertreten, denn nur wenn Unternehmer und Arbeitnehmer einvernehmlich am gegenseitigen Wohl interessiert sind und daran arbeiten kann die Wirtschaft florieren und Wohlstand geschaffen werden, der letztendlich allen zugute kommt. Natürlich wird es immer Reichere und Ärmere geben, doch wenn die Kluft zwischen ihnen nicht zu groß ist spielt das keine große Rolle, denn das Wichtigste ist und bleibt es, dass alle Menschen gut versorgt sind und in menschenwürdigen Verhältnissen leben können.

Für die gesamte Menschheit ist Überbevölkerung derzeit wohl eines der größten Probleme. Würde Verteilungsgerechtigkeit herrschen würde die grundlegende materielle Versorgung auch nicht das vorrangige Problem sein, denn es wäre im Grunde, bei den heutigen Produktionsmöglichkeiten und dem vielfach produzierten Überschuss, genug für alle da. Was schwieriger zu gewährleisten ist wäre ein menschenwürdiges Leben für alle, denn ein Leben, das von Mangel geprägt ist, sollte es in einer Welt mit so viel Reichtum nicht geben.

Würden alle Völker sich soweit verständigen können, dass alle in Frieden koexistieren können, ohne Furcht vor anderen Nationen (was durch Vermittlung durch eine gestärkte UNO zustande kommen könnte) so würden sich die exorbitanten Rüstungsausgaben erübrigen und die Mittel, die dadurch frei werden würden, könnten dann konstruktiv genützt werden. Weiters müsste man globale Aufklärungskampagnen durchführen (etwas was auch Aufgabe der UNO sein könnte) die die Menschen, besonders jene in noch ärmeren

Ländern, dazu bewegen die Zahl der Kinder, die sie in die Welt setzen, zu beschränken. Dies würde wohl funktionieren, wenn geeignete Sozialsysteme, wie sie in westlichen Ländern bereits bestehen, das Problem der Altersversorgung lösen, die dann nicht mehr von den Kindern erwartet werden würde. Dafür müssten sich die ökonomischen Rahmenbedingungen in diesen Staaten ändern, sodass es möglich wäre solche Sozialsysteme zu finanzieren. Durch vermehrte Entwicklungshilfe könnte man dies bewerkstelligen, wenn man den Missbrauch solcher Mittel durch korrupte Politiker in den Griff bekommen würde. Das könnte auch das Problem lösen, dass Menschen ihr Land aus ökonomischen Gründen verlassen, weil sie dort keine attraktiven Zukunftsaussichten haben und versuchen sich eine bessere Existenz in reicheren Ländern aufzubauen, die dann mit einem Asylproblem zu kämpfen haben.

Um die Lebensbedingungen der Menschen überall zu verbessern ist natürlich eine Ökologisierung der Wirtschaft und der Umwelt notwendig, die derzeit bereits im Gange ist, weil verantwortungsbewusste Menschen und Umweltbewegungen sich dafür stark machen und dafür kämpfen. Die Ökologisierung kleinerer Städte ist wohl nicht allzu schwierig doch die riesigen Megacities sind in dieser Hinsicht ein gewaltiges Problem, denn sie sind zum Teil hoffnungslos überfüllt, wobei das Hauptproblem die Slums und Ghettos darstellen. Man müsste sich überlegen, wie man den unkontrollierten Zuzug in die Megacities eindämmen könnte um deren weiteres Wachstum zu verhindern. Riesige Ballungsräume würden wahrscheinlich in der Zukunft keine zwingende Notwendigkeit mehr sein, da die neuen Technologien den Menschen sehr viele Tätigkeiten abnehmen werden und die händische Produktion weiter zurückgehen wird, was weniger Menschen an Produktionsstätten oder in den Arbeitsprozessen erfordern wird.

Es wird aber wahrscheinlich dadurch kaum möglich sein allen Menschen Vollzeitjobs zu bieten, also müsste es ein System geben, das die Grundversorgung sicherstellt und die Einstellung zur Arbeit müsste sich wandeln. Es dürfte in dem Sinn keine "Arbeitslosigkeit" mehr geben, die wie heute als gesellschaftliches Stigma gilt, sondern alle notwendigen und produktiven Tätigkeiten, die für das Gemeinwohl wichtig sind, könnten als Arbeit betrachtet und honoriert werden. Teilzeitarbeit, wie sie heute schon weit verbreitet ist, könnte in Zukunft eine noch größere Rolle spielen, wie auch ortsunabhängige Arbeit.

Natürlich würde es unter diesen Bedingungen kaum möglich sein global einen westlichen Lebensstandard zu ermöglichen, den derzeit noch viele, die ihn noch nicht erreicht haben, anstreben. Doch dafür besteht auch keine wirkliche Notwendigkeit, denn dieser ist essentiell verschwenderisch und auf ein "immer mehr" ausgerichtet und die Anhäufung von Dingen, die der Mensch nicht wirklich braucht, ist ökologisch und ökonomisch gesehen nicht sinnvoll. Eine weniger auf materielle Dinge ausgerichtete Lebensweise, wie sie in der Spiritualität befürwortet wird, könnte in der Zukunft eine viel größere Rolle spielen, wenn sich das Bewusstsein der Menschen mehr in diese Richtung entwickelt, was ja sowieso eine Notwendigkeit sein wird, wenn der Mensch das Leben in der Welt positiv verändern will.

Nun wurde bereits gesagt, dass sich der Mensch geistig und spirituell höher entwickeln soll und muss um seiner Bestimmung gerecht zu werden. Doch stellt sich die Frage wohin das führen soll. Zu einer Art Übermensch, der den anderen Menschen überlegen ist und über sie herrscht, was bereits angedacht wurde, oder eine Art "Superman oder Superwoman" welche mit unglaublichen Fähigkeiten und Kräften ausgestattet sind. Beide Vorstellungen und Begriffe sind zwar bereits vorhanden, aber ersterer nicht wünschenswert und letztere nur übersteigerte menschliche Fantasie.

Was hingegen durchaus im Bereich des Möglichen wäre und als erstrebenswert gelten könnte wäre eine Art "Gott-Mensch", ein indischer Begriff für spirituell hoch entwickelte Persönlichkeiten, die mit ihrem göttlichen Wesenskern, der Seele, verbunden sind, doch äußerlich menschliche Wesen wie alle Menschen sind und als solche in der Welt agieren. Sie sind sich innerlich ihrer göttlichen Wesensnatur bewusst, doch, so lange sie verkörpert sind, gleichzeitig auch Mensch, wenn auch mit einer mehr oder weniger spiritualisierten menschlichen Natur.

Solche "Gott-Menschen" könnten das Ideal verkörpern, das die Menschen anstreben sollten. Und dies entspricht durchaus den gegebenen Möglichkeiten, denn die Seele des Menschen ist göttlichen Ursprungs und ist ihrer Natur nach göttlich und Teil des Göttlichen, wohingegen der menschliche Körper der Natur entstammt und die Seele in ihm verkörpert ist. Und aus diesem Grunde ist es möglich ein "göttliches Leben" anzustreben und zu verwirklichen, was große spirituelle Persönlichkeiten propagieren und den Menschen lehren. Dies hat in Indien eine lange Tradition und solche "Gott-Menschen" gab und gibt es in Indien in gar nicht so geringer Zahl. In Indien wurden und werden diese hoch geschätzt und verehrt, wenn nicht sogar vergöttlicht. Sie sind oft Wundertäter, was sie für die Menschen natürlich noch attraktiver macht, doch dies ist trotz allem nur eine untergeordnete Funktion ihres Wirkens. Vorrangig wollen sie die Menschen zur Spiritualität hinführen und ihre spirituelle

Entwicklung fördern, also wirken sie oft als spirituelle Lehrer.

Nun sind solche spirituell hoch entwickelten Menschen global gesehen noch die Ausnahme, doch sie können als Vorbilder dienen denen man nacheifern, oder denen man sogar folgen kann, wenn man sich ernsthaft auf seine innere Entwicklung konzentrieren und relativ schnelle Fortschritte machen möchte. Auch wenn der westliche Mensch vielleicht glaubt, dass er so eine Führung nicht braucht, da er ohnehin im Leben mit seinen praktischen Fähigkeiten gut zurechtkommt, so kann es jedoch sein, dass seine praktischen Fähigkeiten auf dem Gebiet der Spiritualität von nicht sehr großem Nutzen sind, da die Spiritualität vorrangig ein innerer geistiger Entwicklungsprozess ist.

Wie dem auch sei, die rein technologischen und wissenschaftlichen Fortschritte werden, wie wertvoll sie auch sein mögen, die Grundprobleme der Menschheit nicht lösen können, denn das "Menschsein" an sich ist eigentlich das zentrale Problem. Der Mensch ist offensichtlich derzeit noch ein unvollkommenes

Wesen, das zwar nach Vollkommenheit strebt, doch sie in den allermeisten Fällen nicht erreicht hat.

Und obwohl die mentale und intellektuelle Entwicklung ein großer Fortschritt ist an dem viele Menschen teilhaben, so ist doch das mentale und intellektuelle Potential begrenzt und letztendlich nicht ausreichend um in einem globalen Kontext richtig und angemessen agieren zu können. Das sieht man an den internationalen Beziehungen, die selbst mental und intellektuell hochentwickelte Persönlichkeiten zumeist überfordern und deshalb können auch diese die internationalen und globalen Probleme nicht wirklich lösen. Wäre es anders würde diese Welt bereits anders aussehen!

Um aus dieser misslichen Lage herauszukommen benötigt es Persönlichkeiten, die ein höheres Bewusstsein verwirklicht haben, die über die Begrenzungen und Limitationen des Mentalen und des Intellekts hinausgegangen sind und die die Dinge von einer höheren Warte aus betrachten können. Jedenfalls müssten sie über das grundsätzlich Trennung schaffende Denken hinausgegangen sein und fähig sein, Gegensätze in einer höheren Schau zu transzendieren um übergeordnet denken und agieren zu können. Das ist zwar schwierig, doch durchaus möglich, wenn man erkannt hat, dass die bisherigen mentalen und intellektuellen Fähigkeiten an Grenzen stoßen und man darüber hinaus gehen will um sich höhere geistige Fähigkeiten anzueignen. Und hier geht es vorrangig nicht um okkulte oder mystische Fähigkeiten, die man bekannterweise auch entwickeln kann, sondern um einen höheren und weiteren Bewusstseinszustand in dem man alles in größeren Dimensionen erfasst und dementsprechend auch effektiver handeln kann.

Es gibt, gemäß der indischen Spiritualität, über dem Mentalen und dem Intellekt noch weitere Geistesebenen, die erschlossen werden können und im Verlauf der Evolution entwickelt werden sollen. Geistige Inspiration und Intuition entstammen zum Beispiel höheren Geistebenen und ein durch diese erleuchteter Geist wäre ein Schritt hin zu einem höheren Bewusstsein. Danach müsste man allerdings streben und sich aus den engen Begrenzungen des Mentalen und sogar des Intellekts befreien, wobei beide natürlich für das praktische Leben nach wie vor bestehen bleiben würden, doch würde dahinter ein erleuchteteres Bewusstsein wirken, das auch das Mentale und den Intellekt bis zu einem gewissen Grad erleuchten würde. Und das wäre sehr wünschenswert, weil das einen positiven Einfluss auf das Leben hätte. Und je höher der erreichte Bewusstseinsgrad wäre, desto größer wären die Auswirkungen davon.

Der Mensch könnte sich dadurch Schritt für Schritt einer geistigen Vervollkommnung annähern, die die Begrenzungen der menschlichen Natur transzendieren würde und der Mensch und das menschliche Leben würden letztendlich dadurch völlig verwandelt werden. Ein höheres und besseres Leben könnte sich so auf Erden manifestieren und die Zukunft wird zeigen wie und wohin sich dieses entwickeln wird.

Ansätze dafür zeigen sich bereits überall, obwohl derzeit noch alles im Umbruch ist und noch nicht klar ist ob der Mensch in der Lage sein wird eine neue bessere Welt entstehen zu lassen. Denn noch sind verschiedene Kräfte am Werk, die oft gegensätzliche Absichten haben und Ziele verfolgen, die die Welt zwar auch verändern wollen, doch die die Welt nicht unbedingt zu einer besseren Welt machen, auch wenn, durch die Anwendung neuer Technologien, das Leben vielleicht effizienter und bequemer werden könnte. Doch die Gefahr, dass der Mensch von übermächtiger Technologie beherrscht und dominiert wird besteht durchaus und Ansätze davon sind beispielweise bereits in China zu erkennen, das inzwischen mehr oder weniger zu einem zentralistischen Überwachungsstaat geworden ist wo den Menschen immer weniger Freiheiten zugestanden werden. Die Menschen in ein enges Korsett aus Normen zu zwingen mag zwar praktische Vorteile bieten, doch beschränkt es auch die Freiheit der Menschen, besonders wenn sie indoktriniert und dadurch mehr oder weniger geistig versklavt werden. Das ist sicher der falsche Weg, denn das behindert die freie Entfaltung des menschlichen Geistes und der inneren Anlagen und somit die Höherentwicklung des Menschen.

Die spirituelle Höherentwicklung

Ein unschätzbarer Vorteil jedweder spiritueller Praktik ist es, dass die körperliche, geistige und seelische Gesundheit dadurch positiv beeinflusst werden kann, was das menschliche Leiden in dieser Welt signifikant vermindern könnte, wenn viele Menschen diese praktizieren und einen spirituellen Lebensstil führen würden. Gläubige oder spirituelle Menschen leben oft länger und sie bleiben oft auch länger gesund. Das wäre an sich schon Grund genug um einen solchen Lebensstil zu pflegen. Wenn dann noch die Wissenschaft weitere Erkenntnisse erlangt und Methoden entwickelt, wie man länger gesund leben kann, so würde das die Lebenserwartung des Menschen erhöhen und dem Menschen würde mehr Zeit in einer Lebenspanne zur Verfügung stehen um die innere Entwicklung so weit wie möglich voranzutreiben.

Es ist jedoch so, dass der Mensch sich in der Jugend in der Regel um sein Fortkommen in der Welt kümmern und einen Großteil seiner Energie und seiner Aufmerksamkeit diesem Ziel widmen muss. Darauf folgt zumeist die Gründung einer Familie und die Verpflichtungen, die damit einhergehen. Wäre man danach mehr oder weniger frei von beruflichen und familiären Pflichten, könnte man sich mehr mit spirituellen Belangen beschäftigen. Doch bleibt dann oft nicht mehr genug Zeit um in der Hinsicht im restlichen Leben große Fortschritte zu machen. Würde man signifikant länger leben so wäre das in dieser Hinsicht ein großer Vorteil.

Im alten Indien und der indischen Spiritualität wurde eine Lebensspanne von etwa hundert Jahren angepeilt und diese Lebensspanne wurde in vier Abschnitte unterteilt. Wenn ein Kind herangewachsen war wurde es mit ca. 12 Jahren in einen "Gurukula" geschickt, in dem ein Guru die Kinder und Jugendlichen in weltlichen und spirituellen Belangen unterwies und ihnen die notwendigen Fertigkeiten beibrachte. Mit dieser Grundschulung kehrten sie in die Welt zurück um ihre weltlichen Pflichten zu erfüllen. Waren diese Pflichten erfüllt, zog man sich nach und nach von diesen zurück und wendete sich vermehrt und intensiver der Ausübung und Praxis der bereits in der Jugend gelernten spirituellen Lehren zu. Der letzte Lebensabschnitt war der Zustand der Weltentsagung, in dem man sich ganz der spirituellen Praxis widmete um sich auf den Tod vorzubereiten nachdem man ein rundum erfülltes Leben gelebt hat.

Wichtig war es, dass man sich durchgehend gutes Karma schuf um eine möglichst gute Wiedergeburt zu ermöglichen, sofern man nicht "Moksha", die Befreiung vom weltlichen Dasein, angestrebt und auch erreicht hatte, was eines der erklärten Ziele der traditionellen indischen Spiritualität war und ist. Das Leben wurde von den Prinzipien "Dharma“, "Artha“, "Kama" und "Moksha" geprägt. Dharma steht für Rechtschaffenheit und Pflichterfüllung, Artha für den Erwerb lebensnotwendiger Dinge, Kama für das Genießen der schönen Dinge des Lebens und Moksha für die Befreiung vom Rad der Wiedergeburten. Nun hatte dieses System den Vorteil, dass daraus eine grundlegend spirituelle Gesellschaft erwuchs, die aber auch den weltlichen Dingen ihren angemessenen Platz einräumte, wenn auch allem ein spiritueller Hintergrund zugrunde lag.

Ein System dieser Art wäre auch heute noch wünschenswert, doch gibt es heute dafür einfach zu viele Menschen und zu wenige kompetente Gurus, und vor allem ist das Leben heute weit komplexer als es zu dieser Zeit war. Doch die Grundprinzipien könnte man auch heute noch anwenden, wenn man in den Schulunterricht, der bereits die Fächer Religion und Ethik hat, diese erweitert auf "Ethik, Religion und Spiritualität" und diesem Fach dann weit mehr Bedeutung zugesteht als sie der Religions- oder Ethikunterricht derzeit hat. Und wenn im Rahmen dieses Faches Ethik, Religion und Spiritualität in all ihren verschiedenen Formen gelehrt und vielleicht auch Übungsanleitungen gegeben werden, so würde dies Jugendlichen bereits ein ethisches, religiöses und spirituelles Rüstzeug für ihr Leben bieten und die vorrangige derzeitige Ausrichtung der Schulen auf die materiellen Aspekte des Lebens würde dadurch ausbalanciert. Wenn dazu noch Übungspraktiken wie Yoga, Qi-Gong, Tai Chi und andere in den Sportunterricht aufgenommen werden würden, so würden auch die körperlichen spirituellen Praktiken integriert werden. Dies würde den Grundstein für eine mehr ethisch, religiös und spirituell orientierte Gesellschaftsform legen, sodass sich mit der Zeit ein grundlegender Wandel in der Gesellschaft bemerkbar machen würde. Und dies würde in der Zukunft eine vorwiegend spirituell orientierte Zivilisation möglich machen, die sich auf dem richtigen Weg befindet um ein Paradies auf Erden zu erschaffen.

Wenn man nun aber den "Gott-Menschen" als Ideal anstrebt, so muss man natürlich den Gottesbegriff definieren. Gott als menschenähnliche Person im Himmel, wie er oft dargestellt wird, ist angesichts der Größe des Universums nicht wirklich vorstellbar, denn so ein Gott wäre wohl nicht in der Lage das universelle Geschehen zu lenken und diese Vorstellung kommt wohl aus einer Zeit, in der für die Menschen die Erde als das Zentrum der Welt galt.

Wenn heute die Wissenschaft erklärt, dass

das Universum aus zahllosen Galaxien mit noch zahlreicheren Sternen und Planeten besteht und die Entfernungen darin in Lichtjahren gemessen werden, dann ergibt dies für den menschlichen Geist eine nahezu unvorstellbare Größe. Und wenn das Universum bereits unvorstellbar lang besteht, wie es die Wissenschaft lehrt, und noch unvorstellbar lang bestehen wird, so übersteigt dies wohl auch unser Begriffsvermögen. Aus dieser Sicht ist auch nicht wirklich nachvollziehbar, dass ein persönlicher Gott im Himmel die Welten in sechs Tagen erschaffen haben soll und sich dann am siebenten Tage ausruhte. Aber auch die wissenschaftliche Theorie eines "Urknalls" aus dem Nichts, an dem kein Gott beteiligt war, ist nicht gerade plausibel. Was dann? Vielleicht kann uns die indische spirituelle Philosophie zu Hilfe kommen.

Dieser gemäß existiert ein ewiges und unveränderliches göttliches Sein (Brahman), dessen grundlegende Eigenschaften Sein, Bewusstsein und Seligkeit (Sat-Chit-Ananda) sind. Es befindet sich sozusagen im ursprünglichen Ruhezustand, wenn sich darin keine universelle Schöpfung manifestiert. Erwacht ein Impuls in diesem ewigen Sein, der der Auslöser für eine universelle Schöpfung ist, so tritt diese Schöpfung ins Dasein und manifestiert sich. Am Ende der Zeiten dieser Schöpfung löst sich diese wieder in ihrem Ursprung auf.

Diese Schöpfungen bestehen aus vielen verschiedenen Objekten und Wesen und es gibt darin untergeordnete und übergeordnete. In unserer derzeitigen Schöpfung sind auf der Erde leblose Objekte, Pflanzen und Tiere untergeordnet und Menschen übergeordnet. Doch jenseits davon gibt es noch andere, für den Menschen normalerweise unsichtbare Bereiche oder Ebenen, die von anderen übergeordneten Wesenheiten bevölkert sind, und die höchsten davon sind die Welten der Gottheiten, die dem universellen Geschehen vorstehen und die in diesem verschiedene Funktionen innehaben und erfüllen.

Aus dem ursprünglichen Göttlichen Sein (Brahman) entstammen auch die Seelen der Lebewesen und so ist in jedem Wesen eine Seele, die im Wesentlichen mit Brahman wesensgleich ist. Und da diese Seele Teil des

Göttlichen Seins ist, so ist jedes beseelte Wesen im Grunde innerlich göttlich.

Und dieser Faktor rechtfertigt es, das Ideal des "Gott-Menschen" anzustreben. Auch wenn die menschliche Natur anscheinend ungöttliche Elemente aufweist, so ist der Wesenskern, die Seele, doch göttlicher Natur und Abstammung und so ist sie ewig und unsterblich wie das Göttliche Sein selbst. Und das ist der Kern der indischen spirituellen Lehren. Der Mensch kann sich mit der Seele, dem göttlichen Wesenskern, identifizieren und kann dadurch seine Göttlichkeit wiederfinden, die er möglicherweise durch die lange andauernde und eingefleischte vorrangige Identifikation mit dem Körper anscheinend verloren hatte.

Dies wird als Selbstverwirklichung im wahren Sinn des Wortes gesehen, denn unser wahres Selbst ist demnach die Seele, die in Indien "Atma" genannt wird. Da Atma und Brahman grundlegend gleicher Natur sind und die gleichen Eigenschaften besitzen, wird die Identifikation von Atma mit Brahman als Gottverwirklichung angesehen. Nachdem Atma-Jnana, die Erlangung der Kenntnis des wahren Selbstes, erreicht wurde, kann Brahma-Jnana, die Erkenntnis, dass Atma und Brahman eins sind, erlangt werden, was eine der höchsten spirituellen Verwirklichungen wäre die menschenmöglich ist.

Darüber hinaus gibt es noch die Erkenntnis, dass die Welt eine Selbst-Manifestation von Brahman in seinem dynamischen Aspekt ist und daher im Grunde auch Brahman ist. Dies wird dann "Saguna-Brahman" genannt, Brahman mit Eigenschaften, wohingegen das Brahman im unmanifestierten Zustand "Nirguna-Brahman", Brahman ohne Eigenschaften, genannt wird. Diese Erkenntnis wird allerdings selbst in Indien wenigen zuteil, doch das zugrundeliegende theoretische Wissen an sich ist schon unschätzbar wertvoll, weil es das Dasein und die Welt erklärt.

Dieses Wissen wird im Jnana-Yoga vermittelt, dem Yoga-Weg der Erkenntnis, der letztendlich zur Verwirklichung dieses Wissens führen soll. Andere Yoga-Wege, wie der Bhakti-Yoga, der Yoga der Gottesverehrung und der Hingabe, hingegen betrachten das Göttliche eher als höchstes Wesen in der jeweils gewählten Form. Das gilt auch für den Karma-Yoga, dem Yoga des selbstlosen Handelns, durch den letztendlich versucht wird den Willen Gottes im und durch das eigene Wesen wirken zu lassen. Diese drei Wege sind die Haupt-Yoga-Wege wie sie in der Bhagavadgita, der wohl bekanntesten spirituellen Schrift Indiens, dargelegt werden.

Aber um fähig zu sein einen dieser Wege, oder alle drei, ernsthaft praktizieren zu können, bedarf es wohl einiger Vorbereitung wie eben sich vom negativen Ego zu befreien. Dazu, und um bewusster zu werden, müsste man jedoch lernen den unsteten und wankelmütigen Geist in den Griff zu bekommen, was kein leichtes Unterfangen ist. Der Geist ist normalerweise ununterbrochen aktiv und das liegt daran, dass der Geist ständig mit den Dingen, Objekten, Wesen und Umständen der äußeren Welt beschäftigt ist und großteils damit beschäftigt sein muss, da er ja das Leben in der Welt bewältigen muss. Der Geist reagiert nun in der Regel auf alles womit er konfrontiert wird gemäß seiner inneren Reaktionsmuster, die sich im Laufe der Zeit in ihm entwickelt haben. Und das ist ein vielfältiges Instrumentarium aus Gedanken, Emotionen und Empfindungen, die den Geist ständig in Bewegung versetzen. Wobei Gedanken Emotionen und Empfindungen verschiedenster Natur auslösen.

Da dies normalerweise ein eingespieltes System ist, läuft es mehr oder weniger routinemäßig und automatisch ab, ohne dass wir uns des Geschehens wirklich bewusst sind, weil wir gewohnheitsmäßig darin verstrickt sind. Wenn der Ablauf für uns positiver Natur ist, fühlen wir uns mehr oder weniger glücklich, wenn er für uns negativer Natur ist, fühlen wir uns mehr oder weniger unglücklich. Daraus resultiert Freude und Leid, Glück und Unglück, Zufriedenheit und Unzufriedenheit usw. Da die Umstände aber zumeist wechselhaft sind, pendelt der Geist die meiste Zeit zwischen diesen Gegensätzen hin und her und er ist daher selten ausgeglichen und im Gleichgewicht. Die dadurch ausgelösten Emotionen und Empfindungen können mehr oder weniger stark sein, je nach Geschehen, und dies bewirkt ebenfalls ein mehr oder weniger starkes

Ungleichgewicht in unserem Wesen. Um aber ein stabiles Gleichgewicht und dadurch ein ausgeglichenes Gemüt haben zu können, müsste man diese Abläufe zunächst durchschauen können und sie dann beherrschen lernen. Nur auf dieser Grundlage könnte man eine spirituelle Höherentwicklung anstreben, die auf sicheren Grundfesten basiert. Sonst würde immer die Gefahr bestehen, dass nichts erreicht wird das dauerhaften Bestand hat. Spirituelle Erfahrungen und Gipfelerlebnisse mögen stattfinden, doch wären sie nur kurzlebig und nicht von Dauer. Doch für eine geistige und spirituelle Höherentwicklung sollte der bereits erreichte Bewusstseinszustand gefestigt sein und nur geringen Schwankungen unterliegen, was besonders im Kontakt mit den Lebensumständen in der Welt schwierig ist.

In der Yoga-Praxis und der Spiritualität im Allgemeinen werden daher Methoden der Verinnerlichung angewandt um zunächst die stetige geistige Aktivität beobachten zu lernen um sich der Vorgänge im geistigen Bereich bewusst werden zu können. Das beginnt meist mit Zeiten des Rückzugs von äußeren Aktivitäten um sich den inneren Aktivitäten zuwenden zu können. Wenn man durch äußere Dinge nicht mehr abgelenkt ist, versucht man dann sich aus der Verstrickung in Gedanken- und Gefühlsbewegungen und Empfindungen zu befreien indem man sich bemüht, eine innere Beobachterrolle einzunehmen um die Denkvorgänge, Empfindungen und Gefühlsbewegungen wahrnehmen zu können ohne mit ihnen identifiziert zu sein. Das ist aus reiner Gewohnheit gar nicht so leicht, aber insofern machbar, da wir ja an und für sich nicht die Gedanken, Empfindungen und Gefühle sind, die in uns auftreten, sonst könnten wir sie ja nicht wahrnehmen. Und aus dieser Position heraus können wir die Denkvorgänge, Empfindungen und Gefühlsbewegungen nach und nach in den Griff bekommen.

Im täglichen Leben müssten wir Gleichmut und Gelassenheit praktizieren, denn dann kann uns nichts so schnell aus dem Gleichgewicht bringen. Was uns nämlich vorrangig veräußerlicht sind Begehren, Wünsche und Sehnsüchte die sich auf Dinge, Wesen und Umstände der Welt beziehen, was sich sogar zu Gier und Begierden auswachsen kann. Wünsche sind natürlich immer vorhanden und so lange sie Lebensnotwendigkeiten betreffen oder Dinge, die das Leben erleichtern, ist das natürlich in Ordnung.

Doch vor allem ungezügeltes sexuelles Begehren oder übermäßige Gier nach Geld und Macht sind oft Faktoren, die unseren Geist rastlos machen und unseren Geist veräußerlichen. Diese drei Dinge bedingen einander oft auch, denn mit Geld und Macht ist es unter Umständen leichter Wünsche und Begehrlichkeiten befriedigen zu können. Daher wird in der Yoga-Praxis und der Spiritualität Wert darauf gelegt, unangebrachtes Begehren in den Griff zu bekommen und unnötige Wünsche nicht unbedingt zu erfüllen.

Ein bescheidenerer Lebensstil und Zufriedenheit sollten angestrebt werden, weil dies dabei hilft den Geist von seiner normalerweise vorrangigen Ausrichtung auf äußere Dinge abzubringen. Dadurch wird der Geist ruhiger und es fällt leichter ihn zu beherrschen. Wenn man innerlich ruhiger und freier geworden ist, kann man den gesammelten Geist auf höhere

Bestrebungen ausrichten und danach streben ein höheres und weiteres Bewusstsein zu erlangen, was kaum möglich ist so lange der Geist nur mit weltlichen Dingen und Angelegenheiten beschäftigt ist.

Ein höherer Bewusstseinszustand würde, wie bereits gesagt, nicht nur unserem eigenen Leben förderlich sein, sondern er würde auch unsere Aktivitäten in der Welt auf eine höhere Ebene verlagern und wir würden fähiger sein mit den Umständen in der Welt besser und richtiger umzugehen. Durch spirituelle Bemühungen und Praktiken würde es uns dann möglich sein nach und nach ein immer weiteres und höheres Bewusstsein zu entwickeln, bis wir letztendlich Gottverwirklichung erreicht haben und zu "Gott-Menschen" geworden sind. Dieser Schritt ist wohl der entscheidendste der Höherentwicklung des Menschen.

Doch da auch "Gott-Menschen" noch bis zu einem gewissen Grad mehr oder weniger mit den biologischen Gegebenheiten des Menschseins konfrontiert sind und auch noch mehr oder weniger mit den körperlichen Unzulänglichkeiten der menschlichen Natur behaftet sind wurde im allgemeinen angenommen, dass das körperliche Dasein letztendlich transzendiert werden muss, da es nicht kompatibel mit der inneren spirituellen Natur zu sein schien. Das stimmte natürlich im Grunde, doch schloss es eine Manifestation der göttlichen Natur im und durch den Körper aus.

Doch einige spirituelle Meister versuchten und versuchen auch dieses Hindernis zu überwinden und die Diskrepanz zwischen innerer und äußerer Natur zu überwinden. Einer von ihnen, der Seher, Visionär und Yoga-Meister Sri Aurobindo, lehrte, dass es schlussendlich möglich sein würde auch die unvollkommene äußere menschliche Natur zu verwandeln und zu transformieren, selbst den Körper, der sich bislang Versuchen der Anpassung an die innere spirituelle Natur widersetzte und dessen Spiritualisierung im Allgemeinen als unmöglich betrachtet wurde.

Sri Aurobindo lehrte, dass der Mensch aus eigener Bemühung nicht fähig sein würde eine grundlegende göttliche Transformation des menschlichen Körpers zu erzielen, doch wenn man die Kraft der Göttlichen Mutter wirken ließe, so würde diese höchste Wirkensmacht des Göttlichen die gesamte Transformation der menschlichen Natur und letztendlich auch des Körpers bewerkstelligen können, was zu Ergebnissen führen würde, die derzeit nicht vorhersehbar oder vorstellbar sind. In seinen Schriften "Die Mutter" und "Die Offenbarung des Supramentalen" finden sich jedoch grundlegende Informationen dazu.

Sri Aurobindo selbst und seine spirituelle Weggefährtin Mira Alfassa ("Die Mutter" genannt), hatten auf diesem Weg große Fortschritte erzielt, auch wenn sie die vollständige Transformation des physischen Körpers nicht verwirklichten. Doch die Vision der beiden spirituellen Größen lebt weiter, denn deren Ideen und Visionen sind inzwischen in spirituellen Kreisen weltweit verbreitet und ihr Integraler Yoga der Transformation wird von vielen spirituell Strebenden praktiziert. Der Sri Aurobindo Ashram in Puducherry (vormals Pondicherry) im südindischen Bundesstaat Tamil Nadu ist eine der größten spirituellen Gemeinschaften und dort wird versucht nach den Lehren von Sri Aurobindo und der Mutter zu leben und ihren Integralen Yoga der Transformation zu praktizieren.

Außerdem hat "Die Mutter" ein Stadtprojekt in der Nähe von Puducherry ins Leben gerufen, das die Grundlage der materiellen Manifestation der Vision Sri Aurobindos werden sollte, nämlich Auroville, das auf spirituellen Grundlagen fußt und als Experimentierfeld dienen soll um das menschliche Leben zu ökologisieren, zu spiritualisieren und zu transformieren. Dieses Projekt ist zwar noch nicht zur vollen Blüte gelangt, doch es hat in vieler Hinsicht über Jahrzehnte hinweg dazu beigetragen eine ökologisch verträglichere Lebensweise zu propagieren und eine alternative Lebensweise zu entwickeln, die zukunftsträchtig sein könnte, auch wenn die sehr hoch gesteckten spirituellen Ziele noch der Verwirklichung bedürfen.

Die zentrale Frage, die sich in diesem Kontext stellt, ist es herauszufinden, was der als physisch-materiell erscheinende Körper eigentlich ist, denn selbst die Wissenschaft kann diese Frage nicht schlüssig beantworten.

Wovon ist Materie an sich eine Erscheinungsform? Wenn man die Verursachungskette aus spiritueller Sicht zurückverfolgt, so gelangt man letztendlich zu Bewusstsein und Geist als Grundlage der Manifestation. Die Wissenschaft sieht Moleküle, Atome und noch kleinere Teilchen als Grundlage der Materie an. Nun sind aber Moleküle und Atome usw. energetische Phänomene die nicht so statisch sind wie die Materie erscheint. Und trotzdem soll Materie aus ihnen bestehen. Dieser Widerspruch ist insofern interessant, weil demnach im Grunde Materie nicht so sein kann, wie sie dem menschlichen Geist durch die Wahrnehmung der Sinnesorgane erscheint. Die feste Materie verschwindet auch wenn sie durch technische Hilfsmittel erforscht wird, denn dann stößt man auf zugrundeliegende molekulare und atomare Strukturen.

Es ist also das Medium durch das man Objekte und die Welt betrachtet, welches das Erscheinungsbild der Objekte der Welt bedingt. Interessant ist in diesem Zusammenhang auch wie hochentwickelte spirituelle Persönlichkeiten die Welt wahrnehmen. Sie sehen die Welt als Einheit, deren grundlegende Natur göttliches Sein und Bewusstsein ist, und Verschiedenheit als Schöpfung des kosmischen Geistes und der göttlichen Kraft, wobei die Schöpfung aufgrund dessen natürlich geistiger und energetischer Natur sein muss, die dem Menschen jedoch als materiell erscheint. Demnach wären Bewusstsein und Geist der Stoff aus dem die Welt besteht. Da aber der Geist eher ein energetisches Phänomen ist könnte man sagen die Welt bestehe aus Bewusstsein und Energie, die beide dem ursprünglichen Sein angehören.

Im Rahmen einer der spirituellen Lehren Indiens werden diese Shiva und Shakti genannt. Shiva steht hier für Sein und Bewusstsein, Shakti für Geist und Energie. In Shiva, der hier universelles Sein und Bewusstsein repräsentiert, erscheint durch das Wirken von Shakti die Weltenschöpfung und dieses Phänomen ist also grundsätzlich nicht materieller Natur, obwohl der Mensch es durch seinen konditionierten Geist als materiell betrachtet. Andererseits erklärt sich dadurch die Wandel- und Formbarkeit der materiellen Natur und das Phänomen der Evolution, denn hinter den Erscheinungsformen der materiellen Natur wirkt der kosmische Geist und die kosmische Energie, die naturgemäß in der Lage sein müssen, die sogenannte Materie zu verändern und zu immer höheren Stufen hin zu entwickeln. Und dies wieder erklärt die Möglichkeit der spirituellen Transformation wie sie Sri Aurobindo für die Menschen anstrebt, denn er sagt, dass diese von der "göttlichen Shakti" bewirkt wird, wenn der Mensch danach strebt, die Grundvoraussetzungen dafür schafft und sich für die höheren Kräfte der Shakti öffnet und ihr Wirken in sich zulässt.

Die Lehre von Shiva und Shakti ist eine von mehreren spirituellen Richtungen, die in Indien von den großen Weisen, Sehern und Yogis formuliert wurden. Im Kontext der Schöpfung repräsentiert Shiva die höchste Gottheit und Shakti ist seine Schöpferkraft und Wirkensmacht, die als die große Göttin oder Göttliche Mutter die Weltenschöpfung hervorbringt und die demnach die höchste Macht im universellen Geschehen ist. Sich dem Göttlichen in weiblicher Form, als große Göttin

(Devi), Göttliche Mutter (Mata) oder als personifizierte Göttliche Macht (Shakti) zuzuwenden und sie als solche zu verehren ist in Indien weit verbreitet und daher gibt es dort sehr viele Tempel die ihr geweiht sind und in denen sie in einer ihrer verschiedenen Manifestationsformen verehrt wird. Sich der "Göttlichen Mutter" zuzuwenden ist in gewisser Weise für viele zugänglicher, denn die Mutter hat oft eine innigere Beziehung zu ihren Kindern und die mütterlichen Eigenschaften der Fürsorge und der liebenden Hingabe, sowie ihre Selbstaufopferung für das Wohl der Kinder sind Eigenschaften, die eher dem Weiblichen zugeschrieben werden als dem Männlichen.

In Indien wird das Göttliche aber sowohl in männlicher wie auch in weiblicher Form verehrt und Verehrer von Shiva verehren auch Shakti und umgekehrt. Wie auch im Allgemeinen alle Gottheiten in Indien verehrt werden, wobei oft eine Gottheit vorrangig verehrt wird zu der man die größte Affinität verspürt.

Wenn man nun ein "göttliches Leben" in der Welt verwirklichen möchte und einem spirituellen Weg folgt, stellt sich früher oder später die Frage welche Rolle der Körper dabei spielt. Um in der Welt agieren zu können bedarf es eines Mediums, das die Verbindung zwischen der Seele und der Welt schafft, sodass die Seele mit dem Körper als Instrumentarium in der Welt Ausdruck finden kann. Denn, wie bereits gesagt, ist die Seele der übergeordnete Wesensaspekt, der sich in Formen, die die Natur zur Verfügung stellt, inkarniert und durch sie wirkt.

Doch die Formen der Natur sind oft noch nicht geeignet dem Seelischen vollen Ausdruck zu verleihen, da sie entweder noch tierische Körper sind oder schon menschlicher Natur, aber noch mit vielen tierischen Attributen und Eigenschaften behaftet sind. Da die Evolution über das Tierische zum Menschlichen und letztendlich vom Affen zum Menschen geführt hat, wie es die Wissenschaft lehrt, sind die tierischen Elemente auch im Menschen noch vorhanden. Auch die Wissenschaft betrachtet den Menschen als hochentwickeltes Säugetier. Und der menschliche Körper unterscheidet sich in den Grundstrukturen nur sehr wenig vom Körper von Affen, auch wenn sich das äußere Erscheinungsbild, aufgrund der evolutionären Entwicklung doch sehr verändert hat.

Das wesentliche Element, das den Menschen vom Affen unterscheidet ist der, im Vergleich zum Affen, hochentwickelte Geist. Dieser Geist erhebt den Menschen über das Tierreich und macht den Menschen eigentlich erst zum Menschen. Denn die biologischen Anlagen und die biologische Natur des Menschen ist nach wie vor der von Tieren ähnlich. Und so sind auch die grundlegenden Verhaltensweisen des Menschen denen der Tiere ähnlich. Überlebensinstinkt und Fortpflanzungsinstinkt bestimmen auch das menschliche Leben weitgehend.

Dass der Mensch von ihnen nicht mehr ganz so dominiert wird wie die Tiere, verdankt der Mensch seinem Geist, der das menschliche Leben so organisiert hat, dass es nicht mehr nur ums Überleben und um die Fortpflanzung geht, weil der Mensch die Landwirtschaft entwickelt hat und nicht mehr darauf angewiesen ist Nahrung zu suchen oder danach zu jagen. Und der Mensch muss auch nicht mehr Nachkommen in großer Zahl produzieren, da es inzwischen genug Menschen auf der Erde gibt. Doch nach wie vor sind dem Menschen angepasste Formen der Nahrungsaufnahme und der Sexualität vorherrschende Faktoren, die für das menschliche Leben von vorrangiger Bedeutung sind. Und auch wenn der Mensch ein großes geistiges Potential entwickelt hat, so vereinnahmen ihn diese noch sehr. Dieses mehr oder weniger triebhaft gesteuerte Verhalten bindet den Menschen noch an seine tierische Natur.

Doch da der Mensch das Tierische offensichtlich hinter sich lassen sollte, da er ja Mensch geworden ist, sollte er wohl auch diese verbleibenden tierischen Anteile in seiner Natur nach und nach transformieren, was für ein höheres geistiges und spirituelles Leben im Laufe der Zeit wohl zur Notwendigkeit werden wird. Die niedere tierische Natur zu transzendieren war in allen Religionen und in der Spiritualität generell ein vorrangiges Anliegen, doch eine Transformation dieser Wesensanteile wurde selten ins Auge gefasst, weil man im Allgemeinen der Meinung war, dass dies nicht möglich wäre. Doch wenn sich der Mensch über den Affen hinaus entwickelt hat, was an sich schon schwer vorstellbar und nachvollziehbar ist, warum sollte es dann nicht möglich sein, dass sich der Mensch im Verlauf der weiteren Evolution in eine höhere Spezies entwickelt die dem Menschen möglicherweise so überlegen ist wie der Mensch dem Affen? Und wie bereits dargelegt existierten und existieren bereits "Gott-Menschen", die sehr wohl die Vorläufer einer neuen Spezies sein könnten die im Werden begriffen ist.

So wäre also die Vision eines noch unbekannten Wesenstyps, der dem Menschen übergeordnet ist, wohl gerechtfertigt, wie Sri Aurobindo ihn vorausgesehen hat, obwohl auch er nicht voraussehen konnte wie und wann sich diese Vision verwirklichen wird. Doch er schrieb, dass dies der nächste Schritt in der Evolution ist und dass dieser früher oder später stattfinden wird und unvermeidlich in der Erdevolution vorgezeichnet ist.

Wie könnte aber so ein neuer Wesenstyp beschaffen sein? Wenn es beabsichtigt wäre dem Seelischen einen mehr oder weniger ungehinderten Ausdruck durch den Körper zu verleihen, so könnte man annehmen, dass sich die Seele und der Körper weitgehend annähern müssten, sodass der Körper nach und nach mehr oder weniger die Natur und die Eigenschaften der Seele annehmen würde. Dass Sri Aurobindo dem seelischen Wesen eine vorrangige Bedeutung beimisst, könnte darauf zurückzuführen sein.

Der Körper würde dann voraussichtlich sehr verfeinert werden und seine derzeitige grobstoffliche Natur weitgehend verlieren. Wäre der Körper weniger grobstofflich, so würde sich wohl die derzeitige Abhängigkeit von grobstofflicher Nahrung vermindern und er könnte wahrscheinlich vermehrt von kosmischer Energie (Prana) gespeist werden.

Die Attribute und Anteile der tierischen Natur des Körpers würden nach und nach verschwinden, da der Körper durch den seelischen Einfluss verwandelt werden würde. Er würde plastischer und flexibler werden und wohl viel von seiner Trägheit und Starrheit verlieren. Das wären wohl die ersten Schritte der seelischen Transformation, die eine spirituelle Transformation möglich machen würde.

Im Yoga gibt es die Lehre von den sieben Chakren (Energiezentren) im feinstofflichen Körper, durch die die Verbindung zu kosmischen Ebenen ermöglicht wird. Die höheren dieser feinstofflichen Zentren sind normalerweise nicht voll entfaltet und die in ihnen latent vorhandenen Kräfte und Fähigkeiten nicht voll aktiviert. Die grundlegende Energie, die die Chakren speist, wird normalerweise eher durch die unteren Zentren kanalisiert und verausgabt. Es besteht jedoch die Möglichkeit durch Yoga-Praktiken vermehrt die höheren Chakren zu aktivieren um deren volles innewohnendes Potential zu nutzen.

Das könnte zu einer schrittweisen spirituellen Höherentwicklung führen und viele Kräfte und Fähigkeiten würden sich entwickeln und höhere Bewusstseinszustände würden sich manifestieren. Dies könnte im Endeffekt zu einer spirituellen Transformation des Wesens führen, die einige "Gott-Menschen" bereits verwirklicht haben und ihre oft außergewöhnlichen Fähigkeiten sind das Resultat davon.

Wie weit diese beiden Transformationen

gehen würden ist schwer zu sagen. Auch hochentwickelte spirituelle Menschen sind in der Regel nicht völlig geschützt vor Krankheiten und Unfällen und auch sie unterliegen dem Alterungsprozess, wenn auch vielleicht nicht ganz so wie normale Menschen. Und auch sie sterben normalerweise, wenn auch einige von ihnen ein ungewöhnlich hohes Alter erreichen und einige wenige sogar Unsterblichkeit erreicht haben sollen. Diese wenigen jedoch könnten ein Beispiel dafür sein, dass selbst körperliche Unsterblichkeit potentiell möglich wäre, wenn dies auch für normal Sterbliche derzeit nur Utopie ist, von der sie nicht einmal träumen können.

Doch eine Verlängerung der Lebensspanne um viele Jahre wäre durch spirituelle Methoden und wissenschaftlichen Fortschritt durchaus im Bereich des Möglichen und eine verlängerte Lebensspanne würde mehr Zeit in einem Leben für die innere Entwicklung bedeuten, was wünschenswert wäre, weil die innere Entwicklung und Transformation natürlich längere Zeitspannen benötigen würde.

Was eine mögliche völlige körperliche

Transformation betrifft, so lässt sich derzeit nicht wirklich vorhersehen wie sie vonstatten gehen könnte und zu welchem Ergebnis sie führen würde. Jedoch wäre sie, gemäß Sri Aurobindo, die letzte Stufe der Transformation des Menschen in eine neue Art von Wesen, das die Krönung der bisherigen Evolution sein würde. Sri Aurobindo sah das Potential dafür vorher und er zeigte auch den Weg auf, der dazu führen könnte, doch noch liegt dieses Ziel wohl in der ferneren Zukunft, sofern nicht unvorhergesehene Ereignisse stattfinden, die den Prozess beschleunigen würden.

Doch der Mensch sollte dieses Ziel bereits jetzt anstreben und Schritt für Schritt zu verwirklichen versuchen, denn dadurch würde er mit den höheren Kräften kooperieren, die auf diese Höherentwicklung des Menschen hinarbeiten. Dafür bräuchte es aber einen Wertewandel, denn die bisher allgemein üblichen Werte, die der Mensch im Leben verfolgt, sind so einer Entwicklung eher hinderlich als förderlich. Diejenigen, die bereits spirituell orientiert sind, befinden sich hingegen bereits auf dem richtigen Weg und sie sind wohl die Vorläufer für die Höherentwicklung des Menschen und der Welt im Allgemeinen.

Doch was dem heutigen Menschen vor allem fehlt ist die Erkenntnis, dass er in vieler Hinsicht noch relativ unvollkommen ist, was ihm aber in der Regel gar nicht bewusst ist, da sich der größte Teil der Menschheit in einem ähnlichen Zustand befindet; es ist also sozusagen der Normalzustand. Zwar versucht der Mensch über seine menschlichen Grenzen hinauszugehen, doch gelingt dies nur im Rahmen des Menschenmöglichen und geht nur in seltenen Fällen darüber hinaus. Der Mensch kann Höchstleistungen in vieler Hinsicht vollbringen, die für den normalen Menschen unerreichbar sein mögen, doch ist dies nur ein Verschieben der Grenzen und keine über das menschlich Mögliche hinaus gehende Leistung. Er ist zu geistigen und intellektuellen Höhenflügen fähig und er kann Erkenntnisse gewinnen und Erfindungen machen, die das menschliche Leben möglicherweise revolutionieren. Doch all dies bleibt im Bereich des Machbaren und Vorstellbaren. Und der Mensch bleibt dabei immer noch grundlegend Mensch mit all den menschlichen Unvollkommenheiten. Er mag genial oder ungewöhnlich begabt sein, doch auch dies ist nur eine Manifestation im Bereich der menschlichen Fähigkeiten.

Um über sich selbst hinaus zu wachsen müsste der Mensch seine Menschlichkeit transzendieren und einen Seinszustand erreichen, der nicht mehr dem menschlichen Seinszustand entspricht. Dies würde dann wohl ein transhumaner Seinszustand sein, wie er wohl einer höheren Stufe der Evolution entsprechen würde. In diesem Zustand würde der menschliche Geist von seinen engen Begrenzungen und von der ihm eigenen Unwissenheit befreit sein. Diese Unwissenheit besteht, weil der menschliche Geist die grundlegenden Wahrheiten der Existenz nicht erfassen kann, weil er von falschen Annahmen ausgeht und daher nicht zur Wahrheit gelangen kann. Alle Versuche des Menschen, die Wahrheit an sich zu erkennen, sind mehr oder weniger gescheitert. Ausnahmen davon sind die wenigen "Gott-Menschen" und die mehr oder weniger "Erleuchteten", die der Wahrheit teilhaftig geworden sind.

Doch gibt es offenbar eine übergeordnete Geistesebene, die Sri Aurobindo als das "supramentale Wahrheitsbewusstsein" bezeichnet, die einem höheren Bewusstseinszustand entspricht, in dem nur mehr Wahrheit existiert und keine Unwahrheit mehr, es also auch keine Unwissenheit geben kann. Dies wäre, gemäß Sri Aurobindo, das Bewusstsein, das angestrebt werden sollte und das es letztendlich zu verwirklichen und zu manifestieren gilt.

Das würde die letztendliche, von Sri Aurobindo angestrebte, "supramentale Transformation" ermöglichen, die Mensch und Welt schrittweise vollständig verwandeln würde und die ein "göttliches Leben" auf Erden zur Folge hätte, was, gemäß Sri Aurobindo, das Ziel der Evolution ist.

Ist so eine glorreiche Zukunft derzeit vorstellbar? Wohl für die meisten von uns derzeit nicht, doch es besteht durchaus die Hoffnung, dass der göttliche Plan, welcher der Erdevolution zugrunde liegt, diese Entwicklung möglich machen und zur Realität werden lassen wird. Wann das sein könnte ist ungewiss, doch der Mensch kann dieses Ziel bewusst anstreben und dessen Verwirklichung beschleunigen, wenn er im Einklang mit dem göttlichen Willen und Plan wäre und diesem entsprechend handeln würde.

Perlen der Weisheit

Verse aus der Bhagavad-Gita

Guido von Arx

Die Bhagavad-Gita ist die bekannteste Weisheitsschrift Indiens und ein einzigartiges Juwel der Weltliteratur. Ihre zeitlose und praktische Philosophie zieht bis heute unzählige Menschen in ihren Bann. Dieses Buch enthält ausgewählte Verse der Bhagavad-Gita sowie kurze Erläuterungen, die den Inhalt leichter verständlich machen und zu vertieften Einsichten anregen.
Ansprechende Fotos und ein attraktives Layout bereichern das Geschriebene mit visueller Poesie.
Ob Yoga praktizierend, philosophisch interessiert, spirituell ausgerichtet, religiös offen oder neugierig, den Fragen und Mysterien des Daseins auf die Spur zu kommen – in diesem Band können alle neue Anregungen finden und bereichernde Erkenntnisse gewinnen.

Hardcover - 160 Farbseiten - €(D) 24,00 / €(A) 24,70
ISBN 978-3-903276-38-3

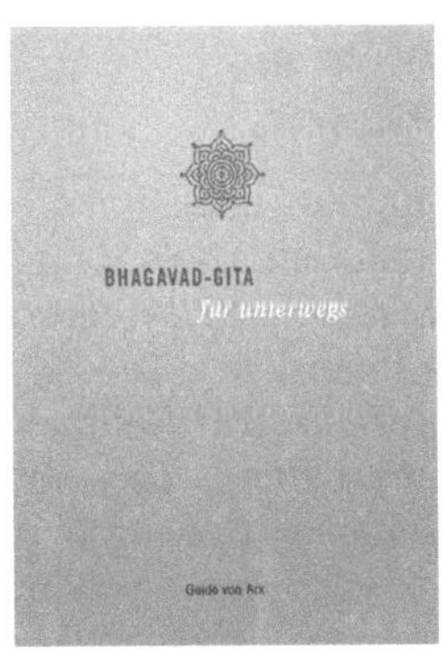

Bhagavad-Gita für unterwegs

Guido von Arx

Die bekannteste spirituelle Schrift Indiens im handlichen Pocketformat!

Ideal für alle, die auf ihrem Weg zur Arbeit oder während einer kurzen Pause eine ‚spirituelle Zwischenverpflegung' wünschen.
Mit dieser speziellen, vollständigen Ausgabe der Bhagavad Gita können wir uns immer und überall mit ihrer zeitlosen Weisheit und ihrer Botschaft des Loslassens und der Liebe verbinden.

Hardcover - 144 S. - VK €(D) 9,50 / €(A) 9,80
ISBN 978-3-901226-71-7

Spirituelle Entwicklung und Transformation

H. H. Warner

Die Zukunft des Menschen und der Welt ist ungewiss. Die Menschen sorgen sich um die Zukunft, weil den meisten Menschen eine Zukunftsperspektive jenseits der derzeitigen menschlichen Existenz fehlt. Materieller Fortschritt und die Verbesserung der Lebensbedingungen werden von allen angestrebt, aber daneben gibt es noch die innere Dimension der Entwicklung, die durch den noch immer fortschreitenden Evolutionsprozess vorangetrieben wird. Dessen Fortgang und Ergebnisse sind allerdings noch weitgehend unbekannt. In diesem Buch wird die grundlegend spirituelle Natur dieses Prozesses dargelegt und wie dieser spirituelle Prozess zur spirituellen Höherentwicklung des Menschen und der Menschheit führen wird.

Softcover - 64 S. - €(D) 9,00 / €(A) 9,30 - ISBN 978-3-903276-41-3

Spirituell leben

Eine Einführung

H. H. Warner

Spirituell leben bedeutet, dass unsere innere wahre Seinsnatur unmittelbar und spontan durch das Medium des äusseren Wesens wirksam werden kann. Dies ist der letztendlich natürliche, der Wahrheit entsprechende Seinszustand, den wir durch unsere spirituelle Entwicklung anstreben und verwirklichen wollen. Diese Seinsweise vermag, wenn von vielen Menschen manifestiert, die Welt und den Menschen positiv zu verwandeln und zu transformieren. Sie könnte die Lösung aller Probleme der Menschheit bewirken.

Softcover - 136 S. - €(D) 13,00 / €(A) 13,40 - ISBN 978-3-901226-32-8

Die Suche nach dem Sinn

H. H. Warner

Die Suche nach dem Sinn währt seit Menschengedenken. Was ist der Sinn des menschlichen Lebens?
Dieses Buch erklärt den Sinn des Lebens als spirituellen Evolutionsprozess, der den Menschen zu seiner Bestimmung führt: der Verwirklichung seines wahren Selbstes und eines supramentalen Bewusstseinszustandes, der der inneren Wahrheit entspringt und sie im äußeren Leben zu verwirklichen vermag.

Softcover - 87 S. - €(D) 12,00 / €(A) 12,40
ISBN 978-3-901226-33-5

Die Integrale Integration

H. H. Warner

Die Integrale Integration ist die Rückführung des Menschen in den ursprünglichen Zustand der Ganzheit, der Einheit und der Perfektion, in welchem der Mensch vollständig in der Wahrheit und aus ihr heraus lebt.
Es ist dies die Verwirklichung des höchsten Potentials der menschlichen Existenz und deren Vervollkommnung im Absoluten Sein.

Softcover - 119 S. - €(D) 14,00 / €(A) 14,40
ISBN 978-3-901226-34-2

Materialismus u. Spiritualität

H. H. Warner

Die Texte in diesem Buch erläutern, dass Materialismus und Spiritualität keine unvereinbaren Gegensätze sind, da der Mensch nicht nur Körper, sondern auch Seele ist. Wenn der Materialismus die körperlichen Bedürfnisse befriedigt, hat er seinen Zweck erfüllt, wohingegen die Spiritualität dem Menschen geistige Erkenntnisse und die Entfaltung der Seele ermöglicht. Dies wäre eine ganzheitliche Entwicklung, die dem ganzen Menschen gerecht wird. Der heutige Mensch hat wohl die Aufgabe, dies möglich zu machen und zu verwirklichen um das menschliche Leben zu vervollkommnen.

Hardcover - 112 S.- €(D) 9,50 / €(A) 9,80
ISBN 978-3-903276-03-1

Der lichtvolle Weg zum wahren Leben

H. H. Warner

In diesem Buch findet sich ein Aufruf für einen grundlegenden Wandel und die Neuausrichtung des Lebens.
Viele Menschen haben die Orientierung verloren und haben kein höheres Ziel vor Augen. Es wäre für sie dringend notwendig, innezuhalten und ihr Leben neu zu überdenken um sich an höheren Werten zu orientieren und ihr Leben danach auszurichten. Anregungen und Gedanken dafür finden sich in den Texten dieses Buches.

Hardcover - 95 S.- €(D) 9,50 / €(A) 9,80
ISBN 978-3-903276-00-0

Spirituelle Antworten auf Lebensfragen

H. H. Warner

Dieser fiktive und intuitive Dialog auf einer höheren Geistesebene erklärt, warum der Mensch und die Menschheit mit gravierenden Problemen und Schwierigkeiten zu kämpfen hat und weist auf die Möglichkeit einer geistigen Neuorientierung hin, die den grundlegenden Wahrheiten der Existenz entspricht. Diese Wahrheiten wurden den Menschen schon von vielen Weisen und spirituellen Meistern vermittelt und sind daher nicht neu, aber der Mensch vergisst leider nur zu oft, sich auf das Wesentliche im Leben zu besinnen. Diese kleine Schrift möge dazu dienen.

Hardcover - 57 S.- €(D) 6,50 / €(A) 6,70 - ISBN 978-3-903276-04-8

Spirituelle Selbstverwirklichung

H. H. Warner

Viele Menschen streben nach Selbstverwirklichung zumeist im äußeren Leben. Darüber hinaus gibt es noch die spirituelle Selbstverwirklichung, die ein innerer Prozess ist. Spirituelle Wege dazu werden in diesem Buch skizziert. Es kann als kompakte Einführung und Orientierungshilfe dafür dienen.

Hardcover - 75 S. - VK (D)7,00 / (A)7,20 - ISBN 978-3-903276-05-5

Strahlen des Lichts

Sri Aurobindo / Die Mutter

Diese lichtvolle Auswahl von Gedanken der Begründer des „Integralen Yoga“, Sri Aurobindo und „Der Mutter“, sind wertvolle Begleiter auf dem Lebensweg im allgemeinen und im besonderen für den Weg des „Integralen Yoga“, des ganzheitlichen Weges zum supramentalen Wahrheitsbewusstsein.

Softcover - 272 S. - €(D) 14,00 / €(A) 14,40 - ISBN: 978-3-901226-36-6

Der psychologische Yogaweg

Helmut Wagner

Der psychologische Yogaweg folgt den Grundregeln und Anweisungen, welche die ersten beiden Glieder der Raja-Yoga Praxis bilden. Dadurch kann man seine innere Natur psychologisch verwandeln, um sich auf das Göttliche Prinzip einzustimmen und eine innere Verbindung herzustellen.

Softcover - 52 S. - €(D) 3,50 / €(A) 3,60 - ISBN 978-3-903276-16-1

Der spirituelle Yogaweg

Helmut Wagner

Yoga wird im Westen oft als Fitnesstraining verstanden, wobei die meisten im Westen verbreiteten Yogapraktiken auf den Übungen des Hatha-Yoga beruhen. Diese vorwiegend körperliche Yogapraxis war an und für sich als vorbereitende Grundlage für die geistig-spirituelle Praxis des Raja-Yogas gedacht. Für jene, die über die rein körperlichen Yogaübungen hinausgehen wollen, ist diese Einführung in die spirituelle Yogapraxis gedacht.

Softcover - 85 S. - €(D) 4,00 / €(A) 4,20 - ISBN 978-3-903276-15-4

Der integrale Yogaweg

Helmut Wagner

Der integrale Yogaweg berücksichtigt alle Aspekte des menschlichen Wesens. Daher versucht er das ganze Wesen in die Yogapraxis einzubeziehen, um so eine ganzheitlche Entwicklung und ein integrales Ergebnis zu erzielen.

Softcover - 73 S. - €(D) 4,00 / €(A) 4,20 - ISBN 978-3-903276-14-7